林家が教える
山の手づくり
アイデア集

全国林業改良普及協会 編

まえがき

本書に紹介しているアイデア作品は、すべて全国の林研グループ（林業研究グループ）のメンバーである、林家さんたちの手づくりです。

全国には、およそ１２００の林研グループがあり、男女合わせて2万名近い会員メンバー（多くは林家さんです）が林業の研究活動を実践しています。

その中で、山の材料を使って、何か面白いものを作ろうという活動があります。本書に掲載した作品は、そうした活動から生まれたものです。特色は、ご覧いただいて分かるような素朴なデザイン、てらいのない実直さがあふれるものばかりです。けれど、こうした作品そのものには大量生産やメーカー製品にはない味わいもあります。一番は、作った人々の身近にある自然の材料を生かしていることでしょう。

これら作品自体は楽しさあふれるものですが、それを作る過程自体もまた楽しさがあふれています。

第一は、仲間と作る楽しみです。子どもたちが喜ぶもの、おじいちゃん・おばあちゃんが喜ぶデザインとはなんだろう。そんな知恵をみんなで出し合い、チェーンソーが上手な人、デザイン感覚が持ち味の人、製作の場をまとめるリーダーなど、多彩な人々が集まって作る楽しみです。

第二は、山の自然にある材料を発見し、活かす楽しみです。材としては売れない曲がった木、使われなくなった竹をどう活かすか。そのアイデアが生きる楽しみです。

そして第三は、みんなで作った作品を一緒に楽しむことです。ほんもののスキーより、竹スキーを子どもたちも一緒にみんなで楽しんだ日の思い出は、一生の宝物です。

本書は、そんな楽しみにあふれています。これら作品を参考にしていただき、読者のみなさんも仲間と一緒に作る楽しみを味わってみませんか。

なお、本書は月刊「林業新知識」に掲載した記事を再構成し、書籍としました。制作にあたり、全国の林研グループのみなさん、都道府県林業普及指導事業担当課に大変お世話になりました。本当にありがとうございました。

平成二十八年九月

全国林業改良普及協会

目次

目次

目次

食楽 shoku-gaku 森の恵みで食を楽しむ

林業 林業に役立つ装置、道具

木楽 moku-gaku

木で作る、木で楽しむ

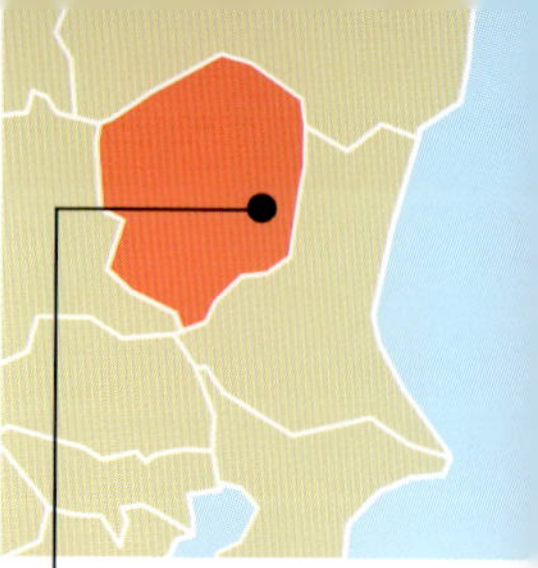

やじろべえ

那珂川町林業振興会［栃木県］

森の素材で作るやじろべえ。台座の飾り付けも楽しい

地域の自然に親しんでもらう

那珂川町は、町の64％が森林で、鮎釣りで有名な那珂川と、取り囲む里山が織りなす自然豊かな町です。その小砂地区で活動する那珂川町林業振興会（以下、振興会）は、昭和54年に設立した馬頭町林業振興会と小川町林業振興会が合併し、平成18年に新設されました。会員は30名で、これまで育林などの技術研究を中心に男性会員ばかりで活動してきましたが、もっと若い人や女性が活動できる取り組みが必要だと感じ、森林・林業体験学習にも力を入れるようになりました。

今回は、地域の自然や林業に興味を持ってもらいたいと開催している「冬の里山体験」でのプログラム「森の素材で作るやじろべえ」の作り方をご紹介します。

中心となるドングリにキリで穴をあける（❶）

やじろべえの支点にする枝をとがらせる（❷）

やじろべえの作り方

【材料】

ドングリ3コ（その他、フウの実や松ぼっくりなども使えます）

木の枝（直径が2～3㎜程度のもの）

【道具】

きり、のこぎり、剪定ばさみ、カッター、接着剤（木工用ボンド、あればグルーガン）

【作り方】

❶中心となるドングリにはキリで、横腹の2カ所と下の方に穴を開けます。左右の重りになるドングリには横腹1カ所に穴を開けます。

❷支点用に長さ2～3㎝程度に切った直径2㎜の枝の先を、カッターでとがらせます。

❸①の中心となるドングリの下穴に、②の枝をボンドで接着します。

❹長さ10㎝程度に切った、直径2㎜程度の細い枝を2本準備します。

❺中心となるドングリの両側の横穴にはボンドで④の枝を接着、枝先には左右の重りになるドングリを1つずつ接着してできあがり！

やじろべえができあがったら、いろいろなところに置いてみましょう。ね、面白いでしょう。皆さんのお部屋にも飾れるように、台座も作りましょう。台座は枝や幹を自由な大きさに切り、接着剤で付けたらできあがり！

【製作のポイント】
重心が支点（支える位置）よりも下になるようにすると、姿勢が安定します
（やじろべえの原理）

穴に枝を挿し、ボンドやグルーガンでとめる（❺）

素材として、
いろいろな実を集めておく

枝を子どもたちと一緒に切る

いろいろなところに
立てて遊ぼう

「冬の里山体験」には
親子が60名ほど
集まった

活動拠点の里山「よろこびの森」

振興会では、活動拠点である町内の里山「よろこびの森」で、今回紹介したやじろべえやパチンコを作ったり、ツリーハウス体験もしています。また、各自で育ててきたドングリ苗を「よろこびの森」に戻すなどの活動もしており、町内外（東京からも）の小中学生や大人が総勢60名ほど集まっています。活動後には「おいしいおやつ作り」もします。

これらの活動には女性の力が不可欠であり、会員の女性だけでなく、近所の方々や都市在住の方も手伝ってくれるようになり、結果として賑やかな会となっています。会の活動にいろいろな人々が関わってくれることにより、会も刺激され、会の活動の輪も広がってきました。

準備は大変ですが、続けているのは自分たちも楽しいから。今後も子どもたちをはじめ地域の皆さんが、森林に目を向けてくれるような活動に取り組んでいきます。

＊まとめ　県北環境森林事務所
林業普及指導員　川上晴代（所属は執筆時）

写真提供／米田和久

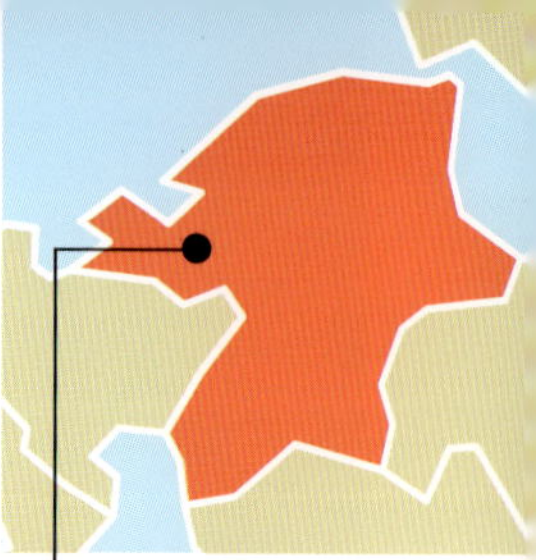

おもしろしょうぎ（間伐材で作る将棋）

筑豊地区女性林業研究グループ［福岡県］

間伐材で作る「おもしろしょうぎ」

地域の間伐材で作る将棋

筑豊地区女性林業研究グループは、平成19年に発足し、これまで枝打ちや間伐などの森林整備活動や、食育（山菜料理）活動、木育活動など、様々な取り組みを行ってきました。どれも共通しているのは「山村地域を元気にしたい！」という思いです。

グループでは、人に触れてもらい楽しく使ってもらえるものを、地域の間伐材で作ろう！と考え、「もりのきしょうぎ」（登録商標）を考案し、製作しています。これは女流棋士の北尾まどかさんが考案された「どうぶつしょうぎ」をアレンジし、北尾さんの協力も得てできたものです。

今回はこの「もりのきしょうぎ」を参考に、間伐材でできる、子どもたちの手の大きさに合ったサイズの楽しい将棋、その名も「おもしろしょうぎ」を紹介します！

おもしろしょうぎの作り方

【用意するもの】

- ・間伐材（集成）の板×1枚
- ・木のコマ（5・5cm×5・5cm×厚さ2・4cm）×8個
- ・シール×10枚
- ・その他／定規、鉛筆、サインペン、マジック

【作り方】

❶しょうぎ盤作り

地元の間伐材の板を、28cm×38cmに切り、表面をカンナがけ、または研磨します。板に鉛筆で寸法を左図のようにとります。横3マス×縦4マスが板上にでき上がります。このマス線をマジックペンで引くとしょうぎ盤のでき上がりです。

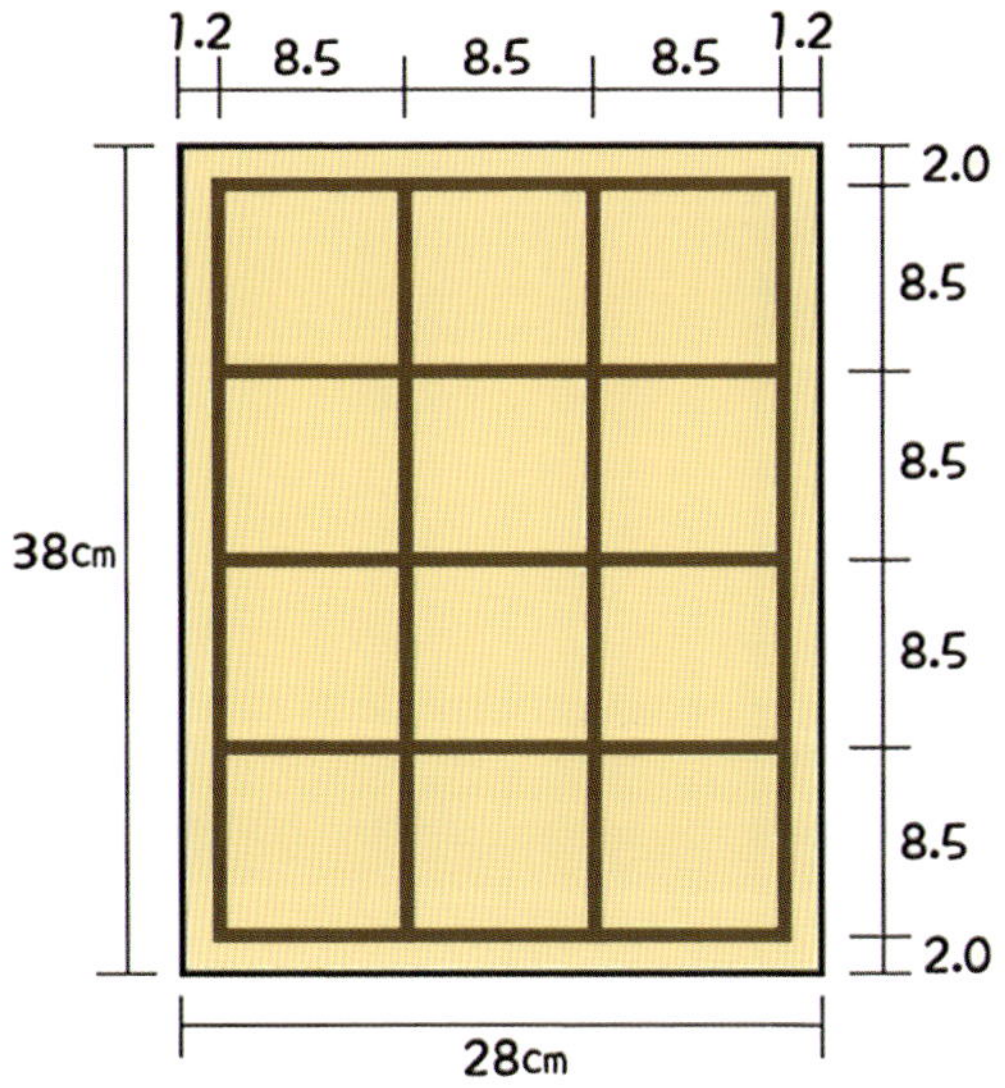

盤面の寸法

❷コマ作り（昆虫バージョンの場合）

木のコマに、①カブトムシかクワガタ、②テントウムシ、③トンボ、④青虫、青虫の裏側にチョウの絵をシールに書いて貼り付けます。もちろん、昆虫以外でも、自分の好きなものをコマにしてOKですよ！

❸遊び方

コマをしょうぎ盤の上に次頁上図のように置きます。じゃんけんで先攻後攻を決め、コマはすべて1回に1マスずつ進めます。

各コマの動かし方は次頁下図の通りです。イメージとしては、カブトムシ・クワガタは王将、テントウムシとトンボはそれぞれ角行と飛車（ただし動けるのは1回に1マス）、青虫は歩兵（裏側のチョウがと金）というものです。相手の王様（カブトムシかクワガタ）を先に取るか、自分の王様が相手の王様エリアまで先に進めたら勝ちです。

木工体験講座でも人気

グループでは、この「おもしろしょうぎ」づくり講座を、学童保育や公民館などのイベントでも実施しています。今では少しずつ地域に知られるようになってきました。間伐材を利用し

コマの置き方

コマの動かし方

カブトムシ、クワガタは「王さま」。となりのマスならどこでもすすめます。

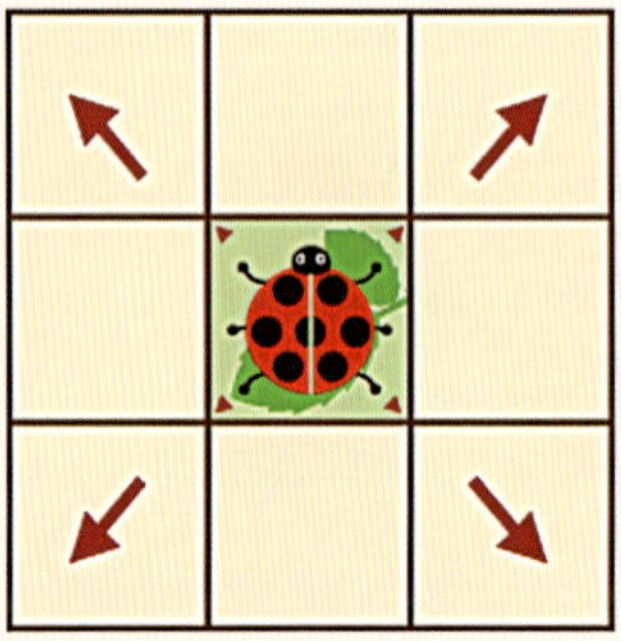

葉っぱの上をあっちこっち。「テントウムシ」はナナメにすすめます。

空を元気にとぶ「トンボ」。タテヨコにすすめます。

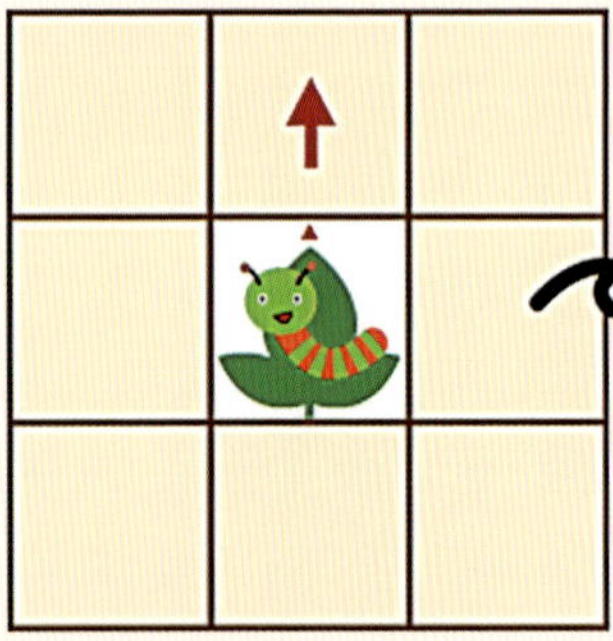

ちっちゃな「青虫」は前に一歩だけ。でも成長すると？

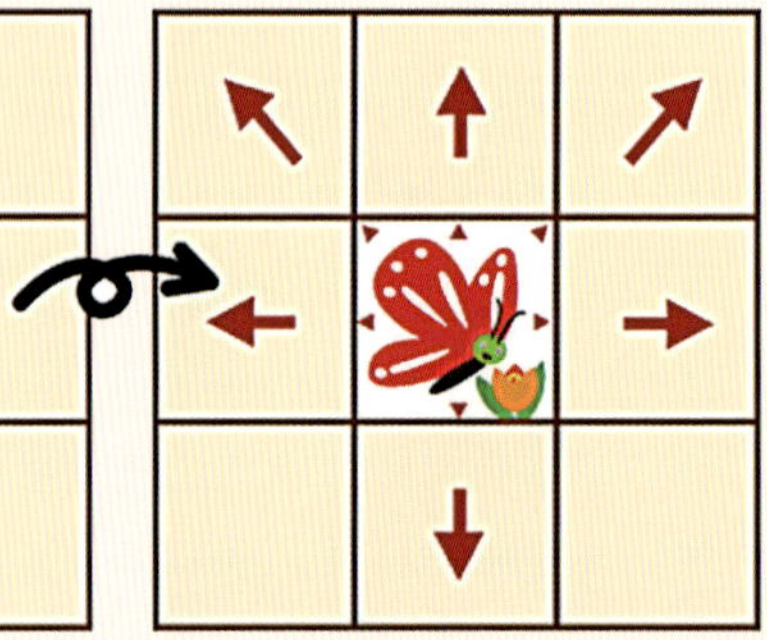

「青虫」が相手のエリア（1段目）まですすむと、ひっくり返して「チョウ」に成長！ナナメ後ろ以外のマスにすすめます。

※「もりのきしょうぎ」については、www.gotouchishogi.com で。
詳しいルールなども掲載されています。

地域のイベントでもしょうぎづくり講座を開催

ながら、環境教育（木育）にも繋がる「もりのきしょうぎ」の普及は、グループの活動目標の一つです。間伐材を素敵なものに変身させ、それを手にした人々に木の温もりを感じてもらい、木材、そして林業がもっと身近なものになるように日々取り組んでいます。

＊まとめ　福岡県飯塚農林事務所
林業振興課普及係　朝野　景（所属は執筆時）

筑豊地区女性林業研究グループの皆さん

クラフトおもちゃ（テリハボク種子のクラフト）

沖縄県森林組合連合会林業研究会［沖縄県］

イベント参加者、25倍もアップ

硬い名前の研究会ですから、イベントでの木工教室は、板に釘を打ち付けて本箱などを作るのが常でした。

平成22年は25名、23年は６４０名。これは県内農林水産業の最大のイベントである「花と食のフェスティバル」における、沖縄県森林組合連合会林業研究会が開催する教室の参加者数です。

なんと何十倍にも増えた理由は、木工からクラフトへ変更したことです。ドングリでリスを作ったり、テリハボク種子にカワイイ顔を描いたりするクラフトは大人気。テリハボクは、沖縄県や小笠原に生える常緑高木です。

開催期間２日間、テントはずっといっぱいで、子どもたちは作ることに夢中になっていました。

子どもたちが作った核果を使ったクラフトが人気

作り方

■準備するもの

・テリハボク種子、ビロウ皮（またはシュロ皮）、ソテツ種子、小枝、板小片

・金鋸、グルーガン、はんだごて、たこ糸、油性カラーペン、はさみ、剪定ばさみ、キリ、小刀

「麦わら帽」の作り方をご紹介します。

❶金鋸でテリハボク種子を中心を少しずらして二分し、大きい方を型にする。

❷型をグルーガンで板に貼り付け、その上に、ティッシュペーパーを2枚重ね、水で湿らせる（写真A）。

❸ビロウ皮を型に被せ、たこ糸で、板と型との接着部分を縛る。

❹ビロウ皮の上にグルーを付け、はんだごてで均一に伸ばす（写真B）。

❺赤く染めたたこ糸を③と同じ箇所に3回ほど巻く。

写真A　カットしたテリハボクにティッシュペーパーをのせて、湿らす

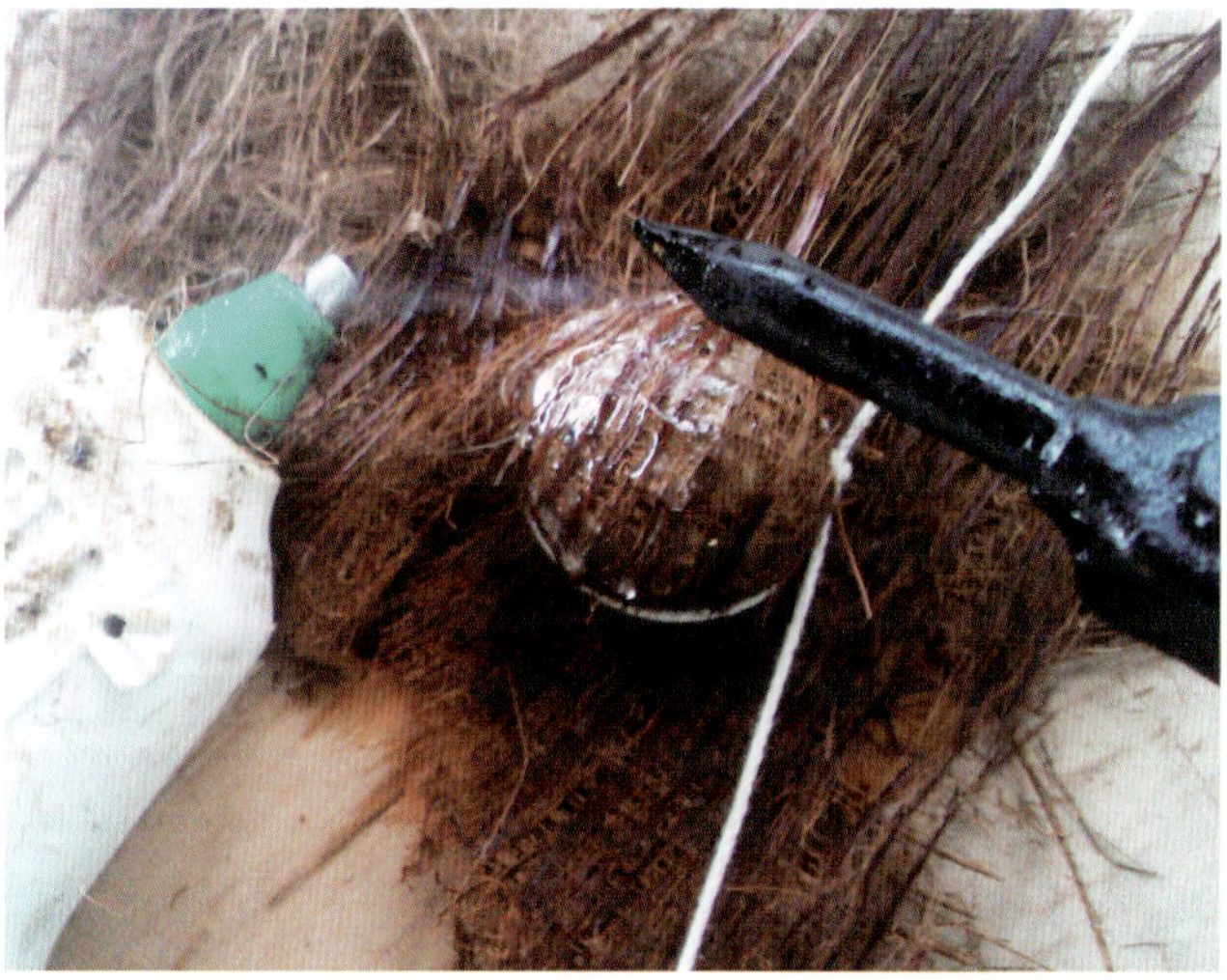

写真B　ビロウ皮にグルーを付け、はんだごてで伸ばす

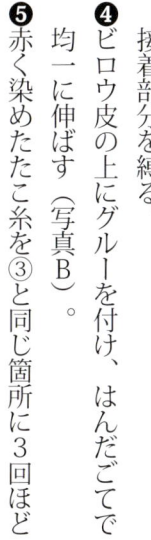

写真C　帽子から型を押し出す

❻帽子から型を押し出し、つばをはさみで整形する（写真C）。

次に、顔、体、そして組立てのご紹介です。

❶テリハボク種子に顔を油性ペンで描く。

❷小枝で手足を作り、ソテツ種子に穴を開けて差し込んで、油性ペンで服を描く。

❸帽子と頭、体をグルーガンで接合する。

豊かな創造性を育むために

子どもの頃のもの作りの体験は、あらゆる面での計画・実践能力を高めると言われています。しかし、物は作るものではなく、買うことが当たり前となった昨今では、子どもたちのもの作りの機会がめっきり減っています。

クラフト教室に参加した子どもたちが、木の実から樹木に関心を寄せ、さらにそこから木材利用にまで理解が及ぶことに期待しています。県森連林研ではクラフト教室を今後も展開していきます。

*まとめ　森林緑地課

林業普及指導員　東江（あがりえ）賢次（所属は執筆時）

愉快な表情を描いたクラフトは子どもたちに大人気

テントはずっといっぱい

沖縄県森林組合連合会林業研究会の皆さん

サイコロカレンダー

●対馬林業研究会［長崎県］

イベントで大人気のサイコロカレンダー

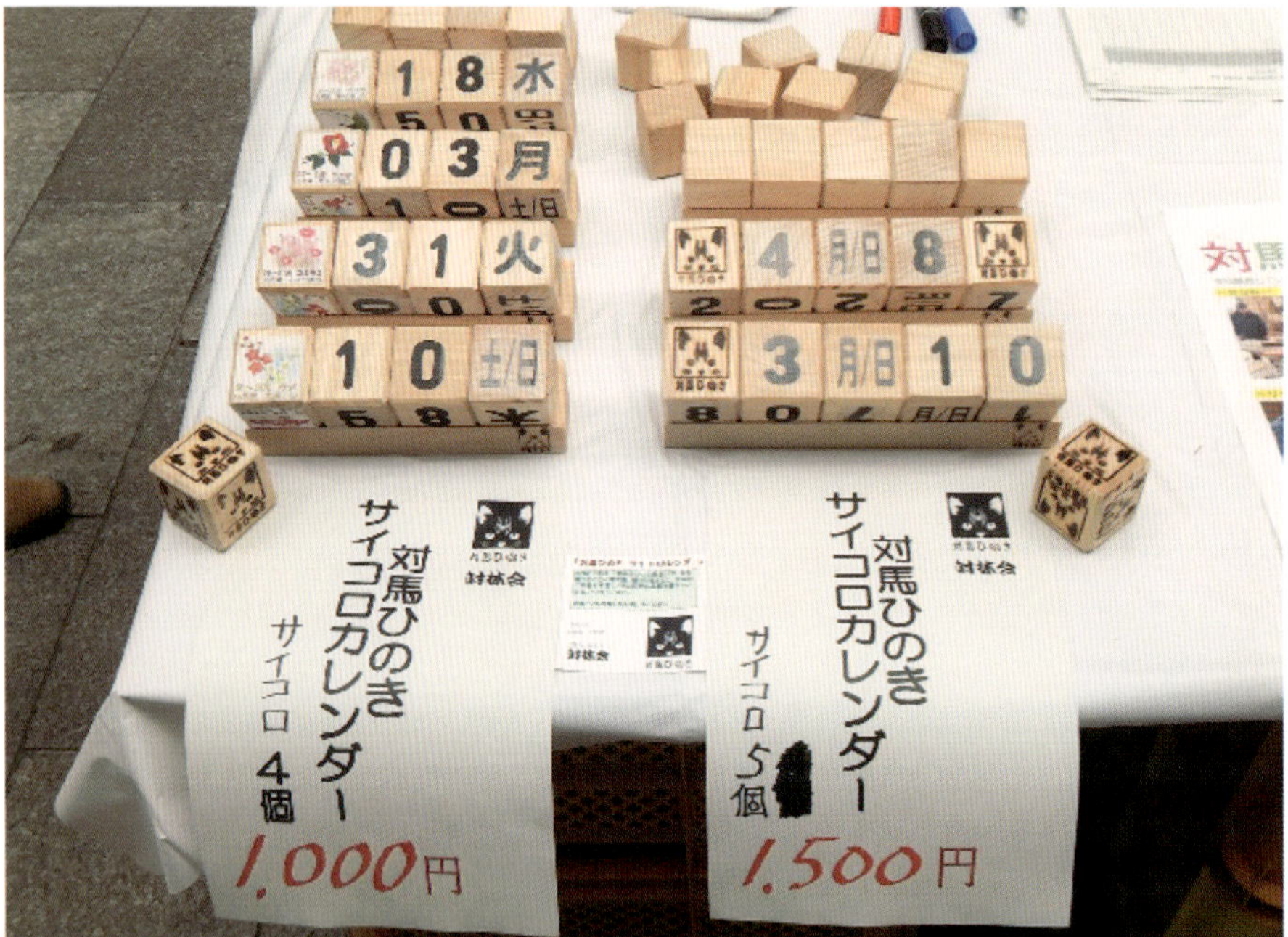

対馬ヒノキで様々な商品開発

　対馬市は長崎県の北西部、福岡県と韓国の間に浮かぶ対馬島にあります。対馬島は、南北に細長く、面積は国内で3番目に大きな島です。対馬島の北端から韓国釜山市までの距離はわずか49㎞で、昔から朝鮮半島や大陸との交流が盛んに行われており、現在は韓国からの旅行者が島内の人口を上回るほど訪れています。

　対馬島で活動する対馬林業研究会は、昭和52年に発足し、約40年の歴史があります。研究会では農林業従事者に限らず、森林組合職員、林業公社職員、県職員、工務店経営者など多様な職種の方が活動しています。平均年齢は45歳です。やる気に満ち溢れ、行動力があるために、島内で催される各種イベントに参加し、森林の持つ機能や森林の適正管理の重要性のPR活動、また、研究会が作成した対馬ヒノキを使用した様々な木製品の展示・販売を行っています。

イベントで一番の人気商品

　対馬ヒノキは、赤みがかった色合いや、年を重ねるごとに増す艶、強い香りなどの特徴を持っています。この、対馬ヒノキを使って作ったサイコロカレンダーがイベントの展示・販売で一番の人気商品です。

展示販売会で子どもたちに人気

【材料と工具】

○末口径10㎝程度の間伐材
○製材加工機（会員に森林組合職員がいるため、森林組合が所有する製材加工機を使用）
○電動カンナ
○切断機
○サンドペーパー（番手は400番程度）
○グラインダー
○数字、曜日を記入したシール（カッティングシートを加工して貼っています）

【作り方】

作り方は簡単です。

❶まず、末口径10㎝程度の間伐材を高さ5㎝、幅5㎝、長さ3ｍの角材に切ります。
❷電動カンナを使用し、角材の表面を研磨します。4面とも見た目をきれいに、手触りがよくなるように仕上げます。
❸切断機を使用し、研磨した角材を5㎝程度のブロックに切り分けます。
❹③の切断面（電動カンナで研磨していない2面）をサンドペーパーで磨きます。

❷電動カンナで表面を研磨

❸研磨した角材を 5cm 程度のブロックに切り分ける

❺グラインダーでとがった角を丸くする

❻シールを貼ってできあがり

対馬林業研究会のメンバー

❺グラインダーを使って、6面研磨したブロックのとがった角に丸みをつけます。
❻その後、丸みを帯びたブロック6面に数字、曜日を記入したシールを貼ります。
【ブロック1】
0・1・2・3・8・9（6兼用）
【ブロック2】
0・1・2・4・5・7
【ブロック3】
月・火・水・木・金・土／日
これで、サイコロカレンダーの完成です。

◇

対馬林業研究会は、対馬産木材を使用したいろいろな木製品を開発し、販売を行い、資源の有効活用を目指します。

＊まとめ　対馬林業研究会
事務局長　三道正和

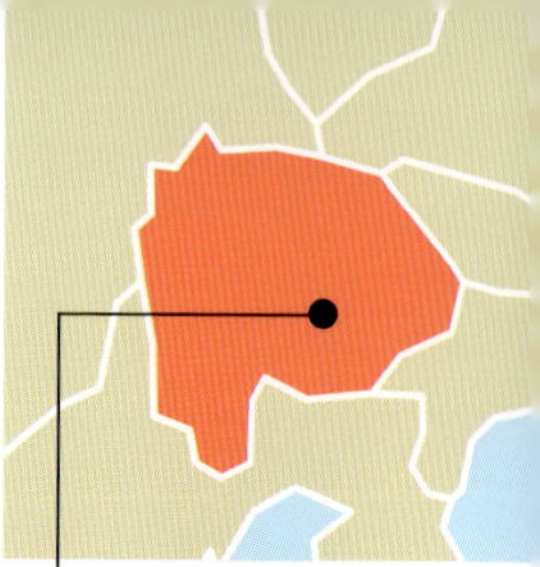

間伐材のシーソー

北富士林業研究会［山梨県］

チェーンソー1台で作れる

北富士林業研究会は、その名のとおり富士山の北麓を活動の拠点とする林研グループです。平成元年に結成され、メンバーの職業は、造林業の他、建築業、観光業、旅館業など様々です。活動では、それぞれが持っている得意分野の技術やノウハウを存分に発揮し、大人も子どもも楽しめる森林・林業体験プログラムを数多く実施しています。

そんな中、小学生を対象にした林業体験教室で、間伐作業や森林観察だけでなく、もう少し遊びの要素を取り入れようと考え出されたのが、今回のシーソー作りです。作り方の基本は、以下のとおりとても簡単で、チェーンソーが1台あれば、他に用意する道具などは特にありません。

チェーンソー１台で作れるシーソー

間伐材のシーソーの作り方

【準備するもの】
・丸太（直径25㎝程度、長さ7～10ｍ程度）
※樹種はヒノキ、スギ、アカマツなど。カラマツはとげがあるので不適。
・チェーンソー

【作り方】
❶丸太を「土台用」（70～80㎝）3本と「本体用」（残りの部分）に切り分ける。
※必ずしも1本の丸太から切り分ける必要はなく、本体と土台を別々に用意してもいい。
❷「土台用」のうち2本は、接地する面が平らになるよう、チェーンソーで片側を落とす。
❸②を地面に並べて置き、その上に残り1本の「土台用」丸太を俵を積む要領で乗せる。土台部分はこれで完成。
❹「本体用」の丸太は、土台の丸太の太さにあわせて中央部にチェーンソーで凹みを削る。
❺シーソーの座面になる部分をチェーンソーで平らに削る。
❻「本体用」の丸太を土台の上に設置して、完成。

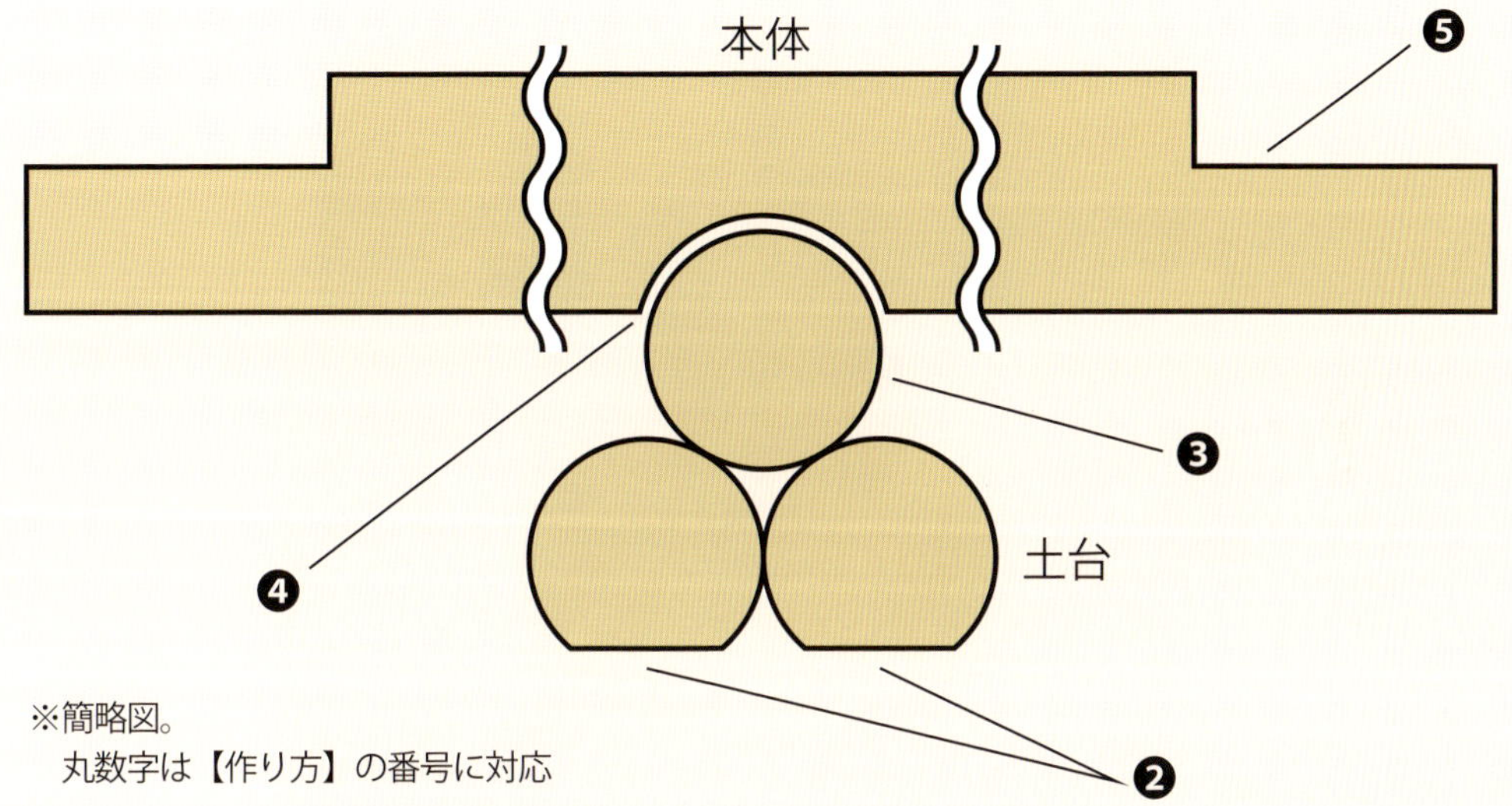

※簡略図。
丸数字は【作り方】の番号に対応

完成したシーソーで遊ぶ子どもたち

北富士林業研究会のメンバー

森林・林業体験の後、ものづくりをすることで楽しみが広がる

子どもたちと相談して作るとおもしろい

大人が作ってしまえばあっという間かもしれませんが、子どもたちにも協力してもらい、「どのくらいの長さがちょうどいい?」とか「こうすればもっと乗り心地がよくなるかも!」などとアイデアや意見を出し合い、試行錯誤しながら一緒に作業をすれば、できあがった時の喜びもひとしおです。

簡略図には記載していませんが、握り棒や、本体の両端直下にクッションを付けるなど、子どもたちと知恵を絞って、思い出に残るシーソーに仕上げてみてください。

間伐作業と、ものづくりや遊びを組み合わせることで「木を伐った」という記憶だけでなく、「それを使って物をつくった」ということ、そして何より「楽しかった」という記憶が残り、将来地域を担う子どもたちの森林・林業に対するイメージアップにつながるとともに、「木づかい」のきっかけにもなるのではないでしょうか。

北富士林業研究会では、森づくりとものづくりに情熱を注ぐ会員たちが、日々、腕と道具を磨いて次の機会に備えています。

＊まとめ　森林環境部　林業振興課
普及指導担当　主任　田中千亜紀（所属は執筆時）

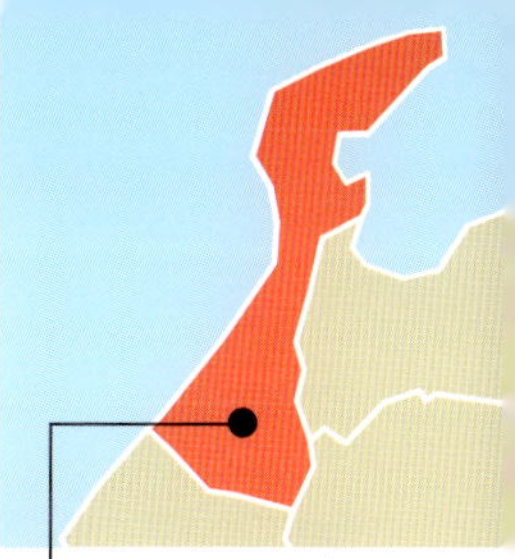

バードコール

加賀林業研究グループ［石川県］

子どもに大人気

加賀林業研究グループ（以下、加賀林研）は、昭和42年に設立され、平成28年で49年目を迎えています。

活動している加賀地域は、石川県の最南端に位置し、隣はすぐに福井県です。夏は暑くなりますが、四季がはっきりとしていて過ごしやすい地域です。

加賀林研では、グループ内の活動だけではなく、地域の皆さんとの体験活動を積極的に行っています。平成25年11月には「エコフェスタinかが13」というイベントにも参加しました。

そのイベントで、子どもたちに大人気だったバードコールを紹介します。バードコールは、鳥の声に似た音を鳴らして、鳥を呼び寄せようという道具です。

バードコールの作り方

■材料・道具（1セット分）

・サクラ・ヒノキ・スギなどのいろいろな樹種で、乾燥具合の良い直径3㎝くらいの枝を集めておく。その枝は長さ5～7㎝くらいに切っておく

・輪のついたボルト（アイボルト・M8）　1本

・首からかけられる紐　1本

・ドリル（8㎜）

■手順

❶枝の木口に、ドリルで穴をあける

❷アイボルトをねじ込む

❸アイボルトを、音が出るまで締めたり緩めたりする

❹アイボルトの輪に紐を取り付けて完成

アイボルトを回したり、戻したりすると、キュウキュウと鳥の鳴き声のような音がします。子どもたちが作るときには、まず自分の好きな枝を選んでもらい、ドリルで穴を開ける際には、林研メンバーが手を添えています。なお、子どもたちがドリルを扱う際には、事前準備の段階で下穴を開けておくとスムーズです。

なお今回のイベントで使用した枝については林研メンバーの山で集めて、乾燥させて使用し

枝の木口に穴を開け、アイボルトをねじ込むだけのシンプルな作りです（❶～❹）

イベントでは子どもたちに大人気

ました。100セットほどの材料を準備しましたが、あっという間になくなりました。

加賀林研では子どもたちへの体験教室も開催しています

自然の楽しみを伝えたい

バードコールは、15分ほどで完成するクラフトです。子どもたちも音が出る瞬間はドキドキですが、実際に鳥の声がすると満面の笑顔になり、首からバードコールをぶら下げて大喜びです。

◇

ちょっとしたアイデアで、みんなに喜んでもらえたり、自然の楽しみを感じてもらうきっかけになることに、やりがいを感じています。これからも、子どもたちにこうしたクラフトを通じて森林について考えて欲しいと願っています。

＊まとめ　加賀林業研究グループ　山村正信

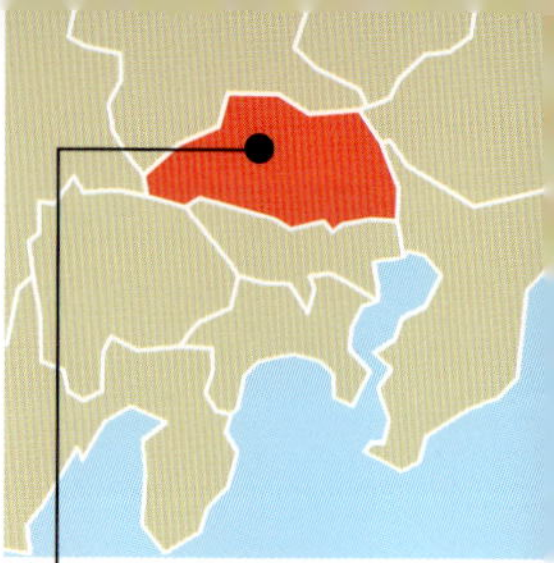

つるかご
あけびの会［埼玉県］

山に目を向けるきっかけになれば

埼玉県小川町のあけびの会では「つるかご」を作っています。きっかけは「山の美観を損なっている、樹木に絡んだじゃまなつるを利用して何かできないだろうか。山に目を向けるきっかけになれば」という女性たちの声でした。リース作りの講習会を経て、かご作りを始め、平成7年から小川町林業研究会連合会婦人部として活動しています。

つるの採集

つるは主にアオツヅラフジを使います。アケビを使う場合は、地面を這っているつるを使います。ほかにヤマブドウなども使います。

つる採りは秋に行いますが、秋の彼岸から春の彼岸の間に採集すれば大丈夫です。秋の早いうちは蚊や蜂に刺されやすいので気をつけてください。

採集したつるは、乾燥して硬くなる前に使い

ます。乾燥して保存することもできますが、その場合は、ぬるま湯に1日くらい浸して、柔らかくしてから使います。

つるかごの作り方

スタンダードなかごの作り方を紹介します。つるを切るはさみも用意してください。

まず、5本のつるを十字に置きます。そのうち1本は半分の長さのものを使います（半分の長さにすることで、かごの「底」ができます。写真A）。こ

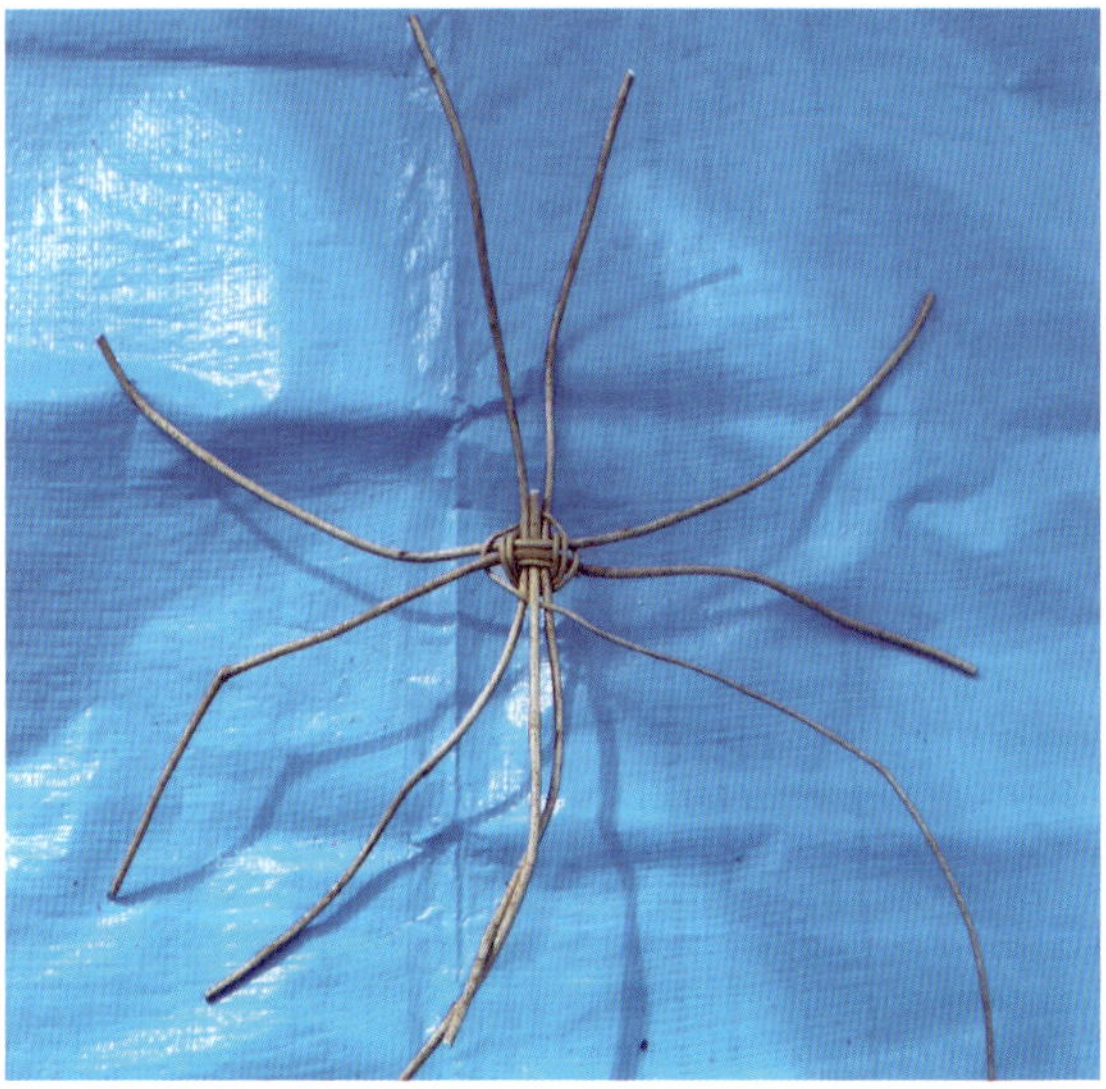

写真Ａ
５本のつるを十字にセット。うち１本は半分の長さとする

の十字のつるを縦芯といって、骨組みになります。縦芯の長さは、かごの大きさや縁の始末の方法によりますが、作りたいかごの外周の長さに、30〜50㎝くらい加えた長さとなります。

十字の部分に少し細いつる（編み材）を2〜3周巻き付け、しっかり締めます。その後、編み材を、縦芯の上と下に交互にくぐらせて編んでいきます。底の部分は平らに編みます（写真B）。

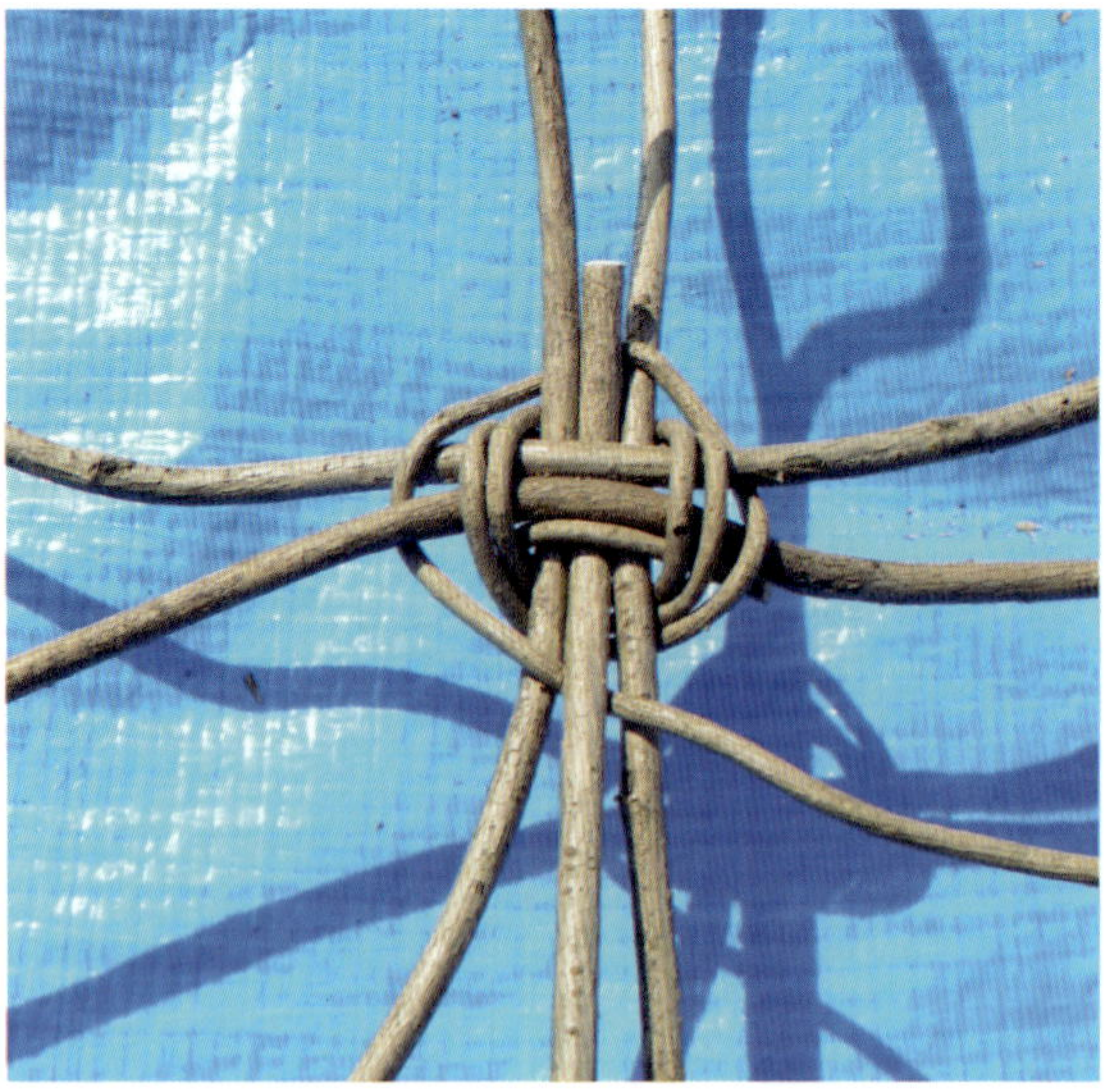
写真B
最初は細めのつるをきつく編む

底ができたら、縦芯を曲げて側面を立ち上げます。底の大きさと縦芯の曲げる角度によって、かごの形が変わります（写真C）。編み材が短くなったら、新しい編み材を編み込んで使います。好みの高さまで編んだら、縁の始末をします。残った縦芯を、隣の縦芯の外側からかけて内側に入れて差し込みます（写真D）。

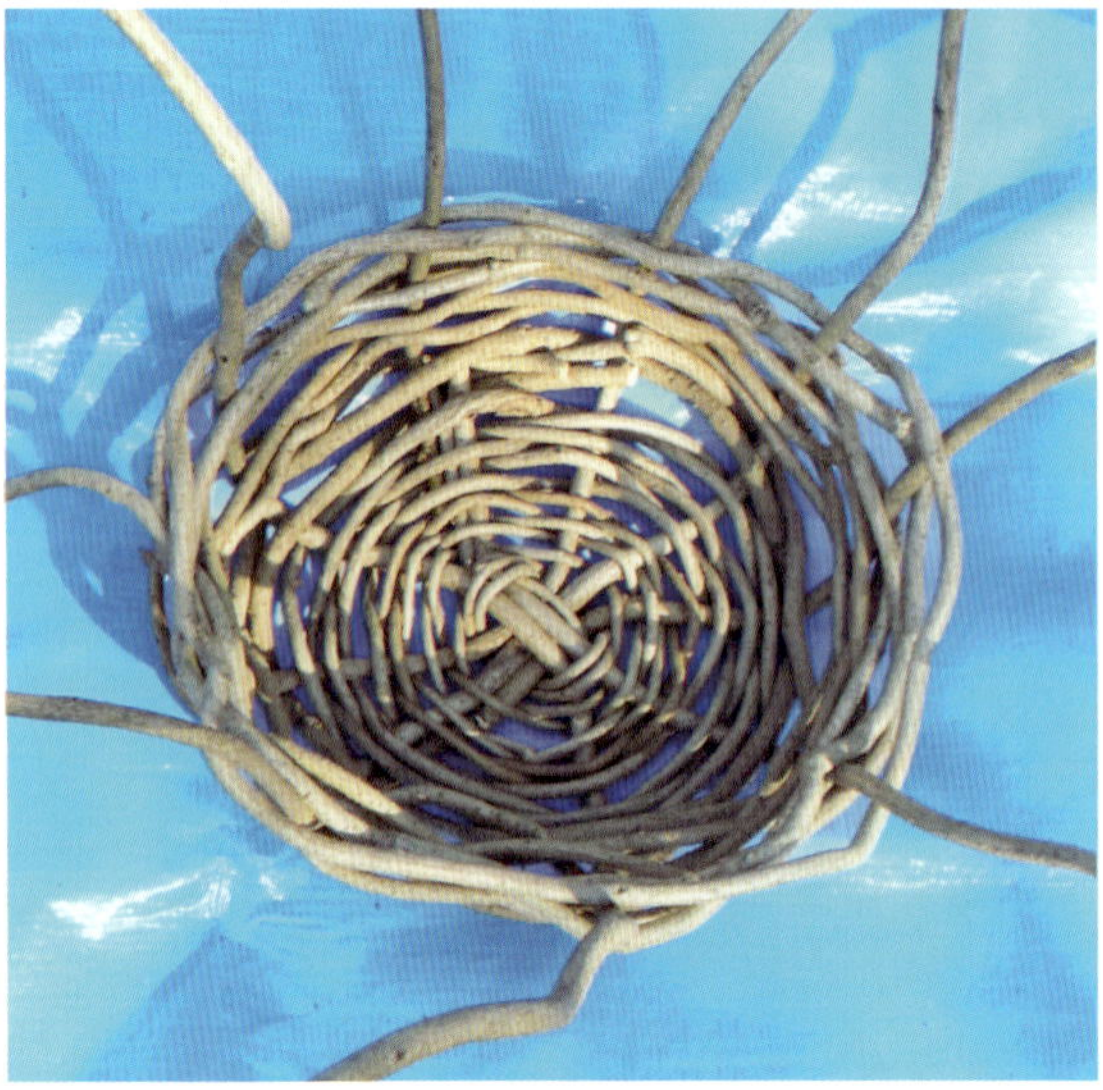
写真C
縦芯を曲げ、高さと形を決めていく

最後に持ち手をつけます。太めのつるを2本合わせて緩くねじり、編み目に差し込んで止めます。太いつるを1本で使ったり、太いつるに細いつるを巻きつけたり、自然の表情を生かして作りましょう。

写真D
残った縦芯は隣の縦芯に編み込む

かごを編みながら話もはずむ

やっかいものが恵みに変わる

工夫次第でいろいろな形のかごができます。太いつるでダイナミックに編んでもよいですし、細いつるで目の揃ったかごを作るのもよいでしょう。乱れ編みという編み方もあります。自然の素材なので、同じものができないのも楽しみの一つです。

つるかごを作ることで、「山のやっかいもの」が「山の恵み」に変わりました。女性も山に興味を持つようになります。イベントで販売もできます。

小春日和にみんなで集まって、かごを編むのも楽しいですよ！

＊まとめ　寄居林業事務所
森林技術・林業支援担当　長島香代（所属は執筆時）

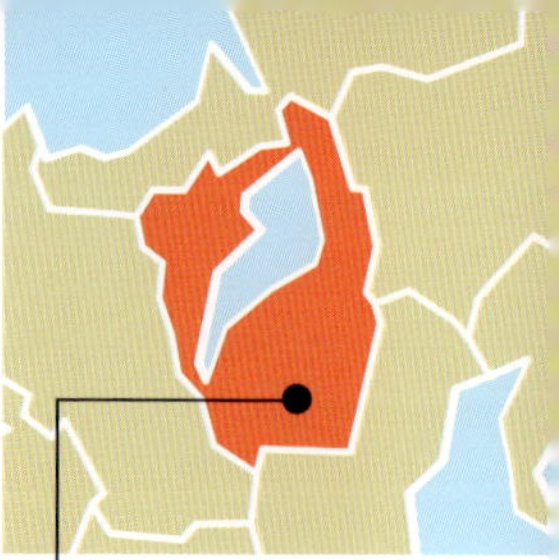

ツリーハンガー

甲賀愛林クラブ［滋賀県］

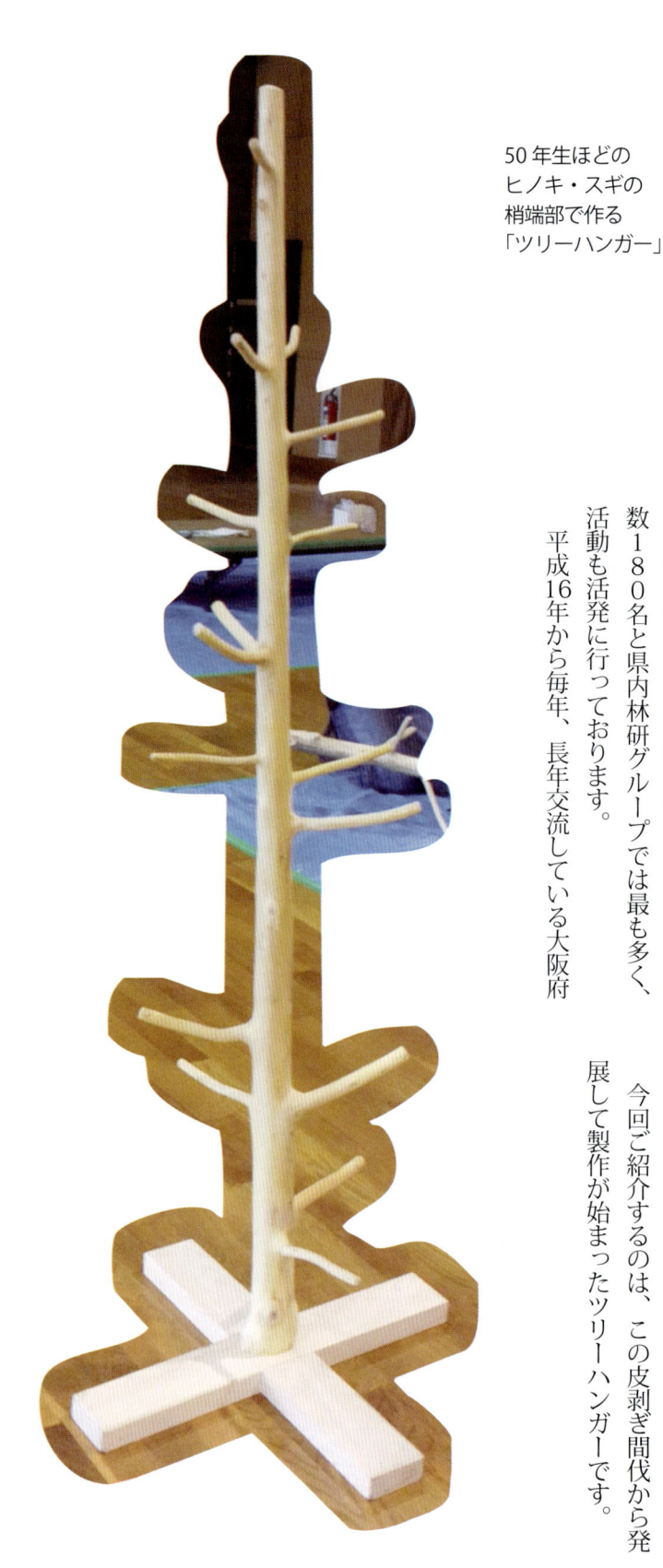

50年生ほどの
ヒノキ・スギの
梢端部で作る
「ツリーハンガー」

皮剥ぎ間伐から発展！

甲賀愛林クラブは、昭和49年に設立し、会員数180名と県内林研グループでは最も多く、活動も活発に行っております。

平成16年から毎年、長年交流している大阪府豊中市民や地元甲賀市民を対象に皮剥ぎ間伐体験のイベントを行っております。例年、参加者が100人を超す人気ぶりです。

今回ご紹介するのは、この皮剥ぎ間伐から発展して製作が始まったツリーハンガーです。

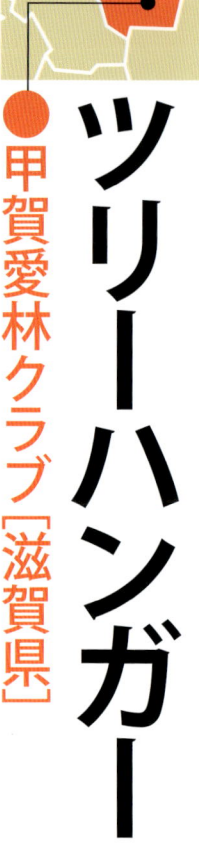

ハンガー部分になる枝選び（❶）

ツリーハンガーの作り方

○事前の準備

樹齢50年前後の木の先端部を夏の間に集材し、皮を剥いで風通しの良いところで乾燥させておく。

○準備するもの

・事前準備した木
・ノコギリ
・紙ヤスリ
・サンダー
・ドリル（８㎜）
・六角コーチスクリュー（10㎜）
※頭が六角形のネジ。レンチやスパナを使い、ドライバーを使う木ネジよりも強い力で締め付けることができる
・土台（２ｍの高さに対して60㎝程度）

❶ハンガー部分になる枝を選びます。不要な枝はノコギリで切除し、先端部分も好みの高さで調整します。
❷切り口を紙ヤスリで磨き、丸みを作ります。
❸乾燥中にカビ等で黒くなっていたり、シミがついていたら、紙ヤスリやサンダーを用いて綺麗にします。
❹できた木を土台に真っすぐに立て、元口に穴をあける位置を決めて、ドリルで穴をあけま

不要な枝を切る（❶）

カビや汚れを
紙ヤスリで落とす(❸)

す。土台の中心にも穴をあけます。

❺六角スクリューで土台と木を連結します。

【製作のポイント】

○使用する木は高齢木が良いです。若木は枝が細くハンガーには使えません。スギは強度が落ちるため枝が太いものを選びましょう。

○土台の大きさはツリーの高さによりますが、安定するものを用意してください。

就学前の親子に人気！

当クラブではイベント実施とともに、皮剥ぎ間伐材の有効利用を長年研究してきました。皮を剥ぎ乾燥させてから伐採することで材が軽くなるため、私たちのような素人林家でも扱いやすいうえ、材質も良くなることが分かりました。通常、木材は1・2番玉を利用しますが、自分たちで世話してきた木を全部使いたい、また喜んでもらえる物を作りたいという思いから、このツリーハンガーが生まれました（当会副会長、竹中島眞博氏が考案）。

皮を剥いだ時の木肌の美しさは格別で、艶々として何とも言えず良い香りもします。

ツリーハンガーは、置くだけで部屋の雰囲気もよくなると大人気で、特に入学を前にした親子さんから学校グッズを吊るすのに使いたいと言われます。森林を知り、木を使いたいと思う

甲賀愛林クラブの皆さん

皮剥ぎ間伐体験イベント

人をもっと増やすため、これからも活動していきたいと思います。

＊まとめ　甲賀愛林クラブ　山本綾美

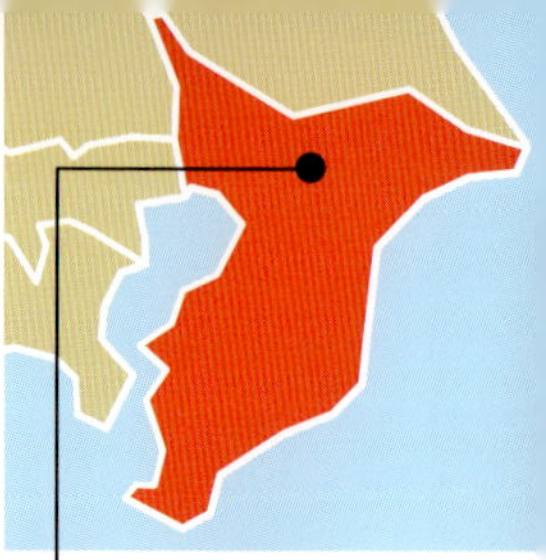

木のイス型花台

千葉県林業研究会印旛支部［千葉県］

木のイス型花台完成品

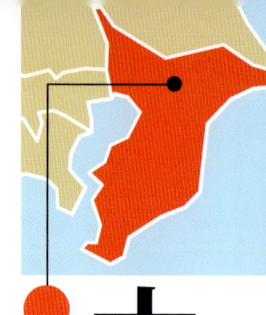

自然な丸みがかわいい

今回ご紹介するのは、サンブスギを利用した「木のイス型花台」です。サンブスギ特有の鮮紅色の心材を座面に用い、枝で作ったイスの脚と背もたれは自然な丸味が生かされています。

サンブスギは、千葉県で生まれ優良な性質をあわせ持った挿し木スギであり、むかしから建材や船材として利用されてきました。ところが「スギ非赤枯性溝腐病（ひあかがれせいみぞぐされびょう）」にかかりやすく、現在県内のサンブスギは、この病気で溝腐れが入っているものが多く見られます。千葉県林業研究会印旛支部の岩井誠さんは、材として使えなくなったサンブスギを活用して、かわいい木のイス型花台を作っています。

イス型花台の材料と道具

●材料と道具
・サンブスギ（縦・横16㎝、厚さ4㎝板材と枝）
・ノコギリ
・ディスクグラインダー
・ベルトサンダー
・電動ドリル
・ニス

イス型花台の作り方

❶座面用の板材に、背もたれを差す穴（直径25㎜）および脚を差す穴（直径35㎜）を開けま

ベルトサンダーで整形（❶・❷）

す。穴の深さは15㎜程度にします。

❷ベルトサンダーに粗仕上げ用ペーパーを付け、座面用板材の角を落として、形を整えます。

❸4本の脚と背もたれの部品（3本＋1本）は、太めの枝を使います。まずディスクグラインダーで木の皮を削り、粗仕上げ用ベルトサンダーで太さを調節します。

❹背もたれ上部に使用する枝を万力で固定し、ドリルで3つ穴を開けます。穴の深さは18㎜程度にします。

❺木工用ボンドで各部位を接着し、組み立てます。最後の仕上げにニスを塗って、出来上がり！

背もたれ用の枝の太さを調整（❸）

背もたれを挿す穴を空ける（❹）

絵本「どうぞのいす」のイスを再現

もともとこのイス型花台を作り始めたのは、子どものための文化団体であるNPO「いんざ

親子で色を塗って完成（❺）

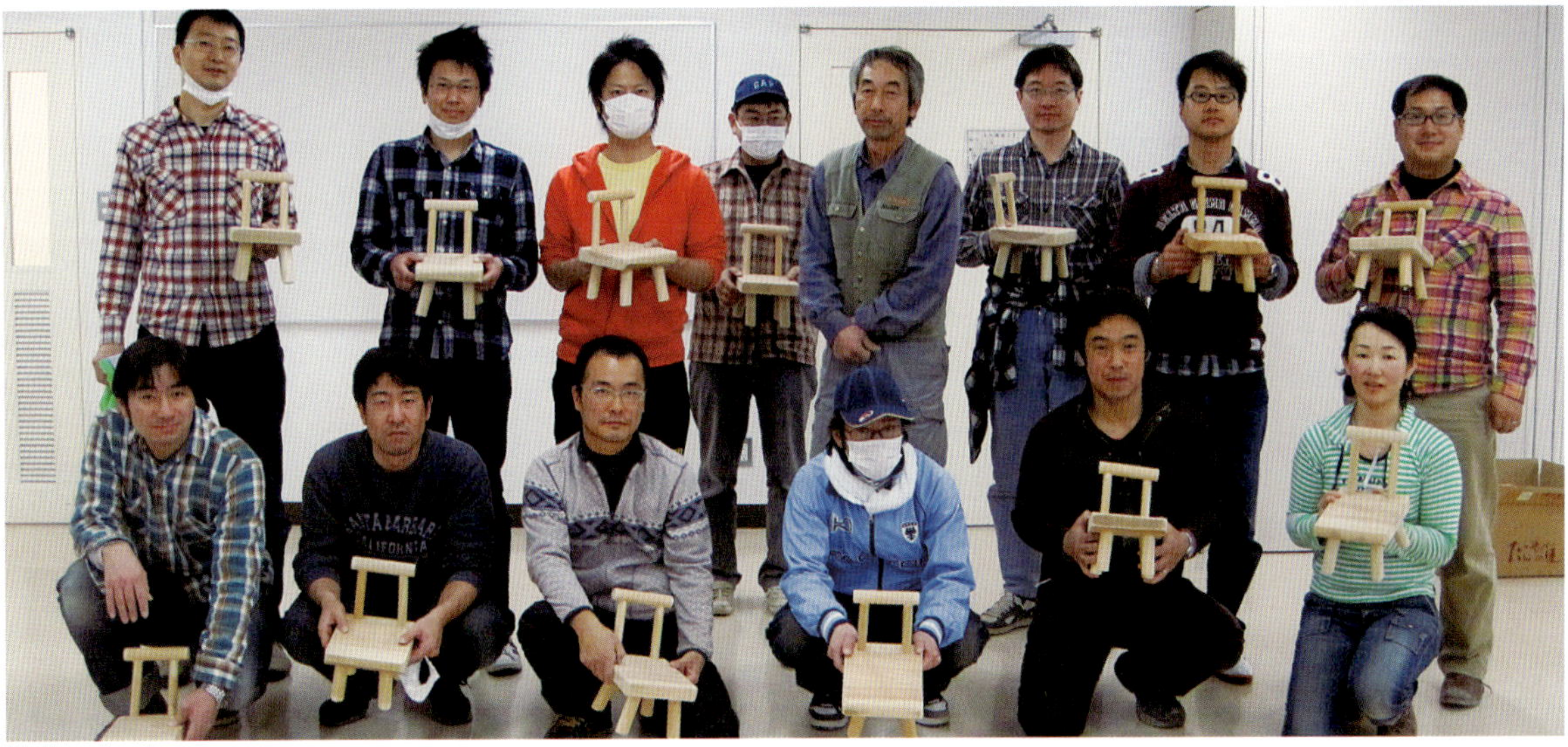

「どうぞのいす」づくり
ワークショップ

自身の山で入手できる材料で
イスを作った岩井さん

いこども劇場」が主催した「どうぞのいす」演劇観賞会がきっかけです。「どうぞのいす」は、うさぎさんが作ったイスをめぐって繰り返されるとりかえっこのお話で、有名な絵本をもとにした演劇です。「観賞会の時に、どうぞのいすにそっくりの木のイスがあったらいいな」という相談を受けた印旛支部の岩井さんが、ご自分の山で手に入る材料で作る木のイスを考案し、親子20組を対象に「どうぞのいす」製作指導を行いました。お父さん方が中心となってイスを作り、子どもたちがそれに色を塗って完成させました。

温かいお話に手作りイスの効果もあり、観賞会は大成功のうちに終わりました。印旛支部の岩井さんは、今後も作り方を教えながら、子どもたちに木のぬくもりを知ってもらい、地元の森に親しんでもらえたらと考えています。

＊まとめ　北部林業事務所　印旛支所
普及技術員　町田優衣〈旧姓：松本〉（所属は執筆時）

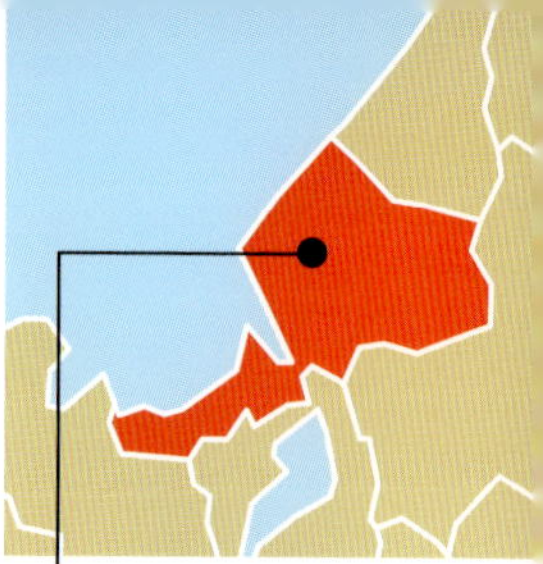

状差し

●森の緑を愛する会［福井県］

間伐材で作る状差し

「木を伐り、使う」体験を

森の緑を愛する会は、人と山とのふれあいの大切さを伝えていくことを目的に活動しています。

主な活動は小学生を対象とした森林体験学習で、間伐体験、木工クラフト体験を行っています。クラフトの材料には、間伐体験で伐った間伐材を利用し、キット化しています。

このように「木を伐り、使う」を体験学習に取り組むことにより、「木のぬくもり、森の大切さ」を子どもたちに伝えています。

今回は、木工クラフトキットの中でも好評を得ている「状差し」の作り方を紹介します。

材料

材料と道具

【材料】※各寸法は目安
○背板（長さ60㎝×幅15㎝×厚さ1㎝、焼きスギ等を使うと味わいが出ます）
○角棒（長さ70㎝×幅2㎝×厚さ1・5㎝）
○前板（長さ15㎝×幅10㎝）
※前板は間伐材の端材
○クギ（長さ3㎝×約20本）
○サンドペーパー（120～150番）

【使う道具】
ノコギリ、金づち、キリ、定規、鉛筆、木工ボンド

作り方の手順

❶材料に線を引く

仕上がりをイメージして前板の位置を決め、前板の上下の線を背板に引きます（表・裏それぞれ）。上下の段の間隔は30㎝くらい必要です。

背板の裏に、底板と横板（角棒を切って作る）を付ける位置に線を引きます。角棒にも切る位置に印を付けます。

❷底板・横板を付ける

印に合わせて角棒をノコギリで切り、底板・横板を作ります。

背板の表に底板・横板をならべて印を付けます（裏に引いた線と位置を合わせて）。

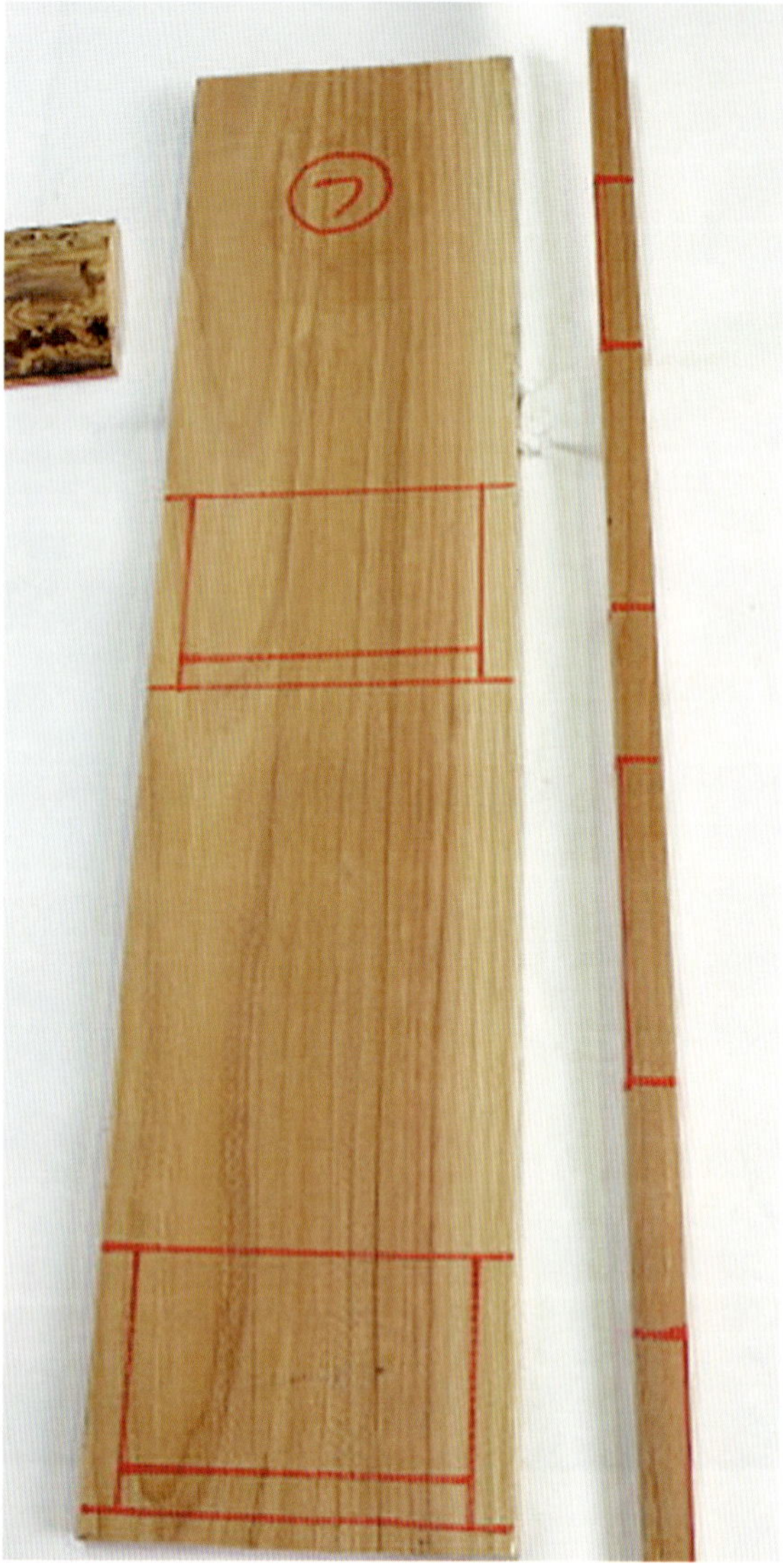

背板と角棒に線を引きます（❶）

背板の裏から、底板・横板を止めるためにクギを打つのですが、その前にまず、背板にキリで穴を開けます。

その穴にクギを打ち、背板の表側に先が少し出たところ（1㎜くらい）で止めます。

底板と横板に接着剤を付け、背板の表に出たクギに押し止め、背板の裏からクギを全部打ち込みます。

❸前板を付ける

前板の四隅にキリで穴を開け、先が少し出るくらいまでクギを打ちます。

底板と横板に接着剤を付け、前板を押し止め、クギを丁寧に打ち込んでいきます。

キリでクギ穴を開けます（❷）

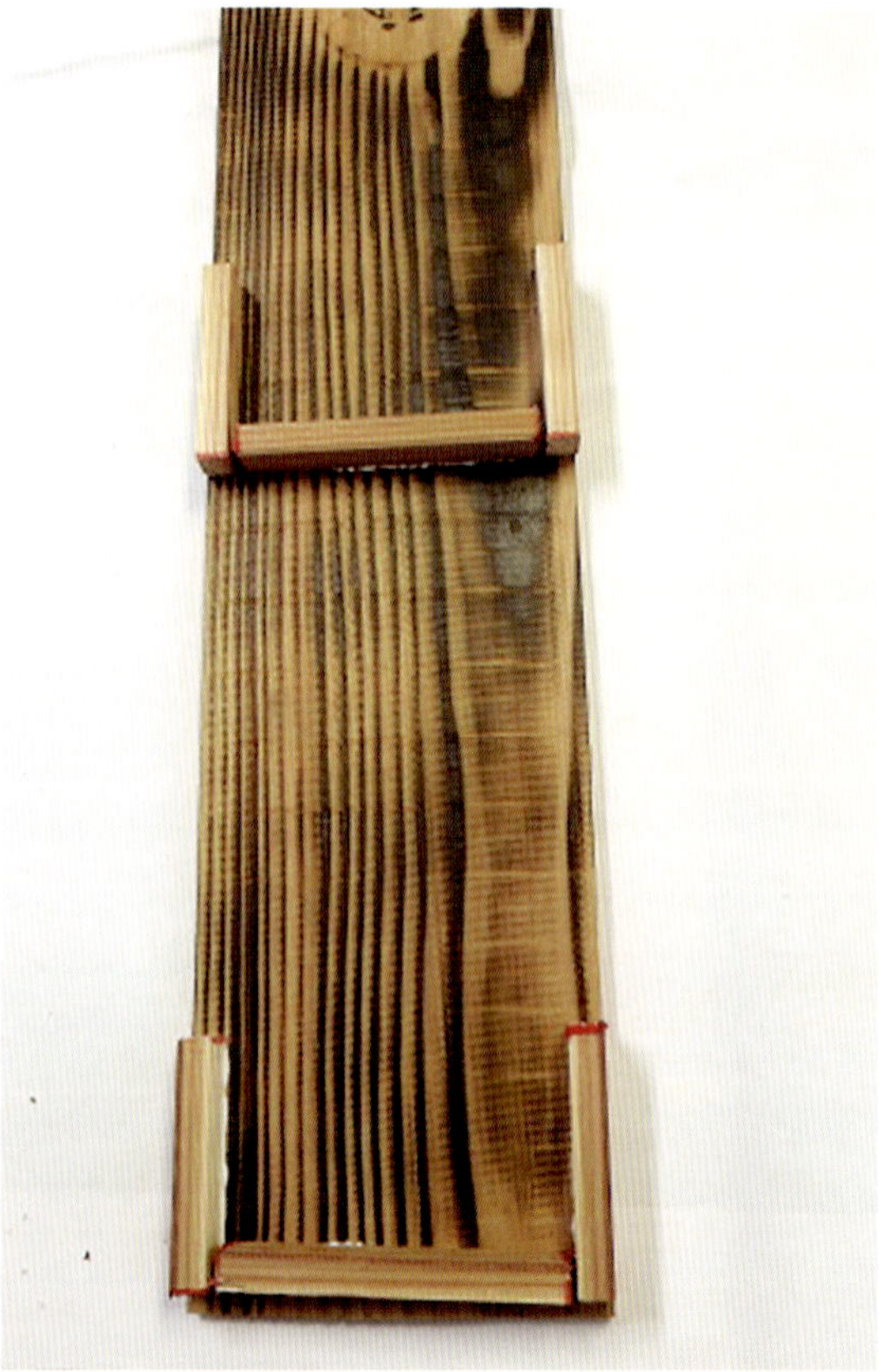

接着剤を付けた横板・底板に、
裏からクギを打ち込みます（❷）

前板の四隅にキリで穴を開け、クギを仮打ちします。
横板・底板に接着剤を付け、その上に前板を乗せて丁寧にクギを打ち込みます（❸）

❹仕上げ

背板に、状差しを吊すための穴を開けます。サンドペーパーで角を削って仕上げ、ひもを付ければできあがりです。

様々な作品をキット化

今回紹介した「状差し」の他にも、「本立て」「マガジンラック」の木工クラフトキットがあります。いずれのキットも間伐材の端材を利用していて、木の風合いを残した、自然味あふれるものとなっています。

今後も、森林学習等の活動を通じ、山や森の魅力を知ってもらえるよう頑張っていきます。

＊まとめ　森の緑を愛する会
代表　長岡照雄

木工教室でクラフト体験に没頭する子どもたち

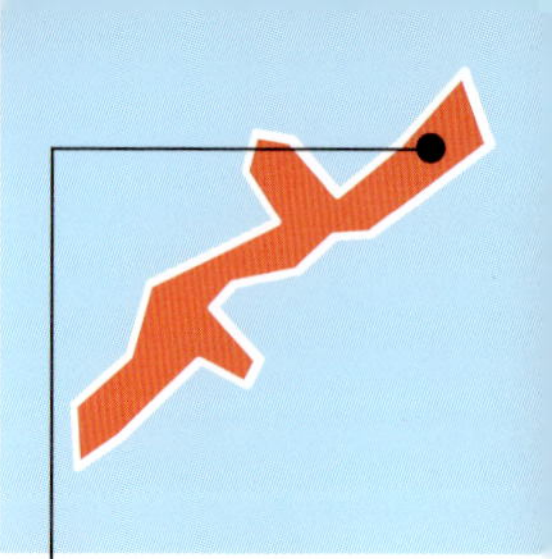

マイ箸

国頭村（くにがみそん）林業研究会［沖縄県］

身近な木材で作る「マイ箸」

やんばるの森のイタジイでマイ箸を

国頭村（くにがみそん）林業研究会が活動する国頭村は、沖縄本島の最北端に位置し、村の84％が森林に覆われた自然豊かな地域です。山原（やんばる）と言われる沖縄本島北部地域の中で、親山原（うふやんばる）と呼ばれ、琉球王朝時代から木材の生産地として県民の生活を支えてきました。現在は、沖縄本島の水がめとして重要な役割を担う一方で、豊かな自然環境が育む野生動植物の多様性が世界的に注目を集めています。

そこで、地元の子どもたちに村の主要産業である森林・林業について知ってもらおうと始めたのがマイ箸作り体験です。

やんばるの森はイタジイ（スダジイの沖縄での地方名）を主体とする亜熱帯の森林なので、マイ箸づくり体験ではイタジイを使っています。

マイ箸の作り方はとてもシンプルです。

マイ箸の作り方

■材料・道具
・箸の形にカットした角材（イタジイ材）
・マイ箸専用の型（イタジイ材。深さ7㎜・V字90度の溝を、V溝ビット〈トリマー〉であらかじめ彫っておく）
・ミニかんな
・紙ヤスリ80番、180番
・焼きペン（電熱ペン）

■制作工程
①マイ箸専用の型に箸の形にカットした角材をセットし、ミニかんなで角を削る。
②目の粗い80番の紙ヤスリで角を丸くし、目の細かい180番で表面を滑らかにする。
③焼きペンを使って自分の名前を入れる。
④スタッフお手製のマイ箸ケースに箸を入れて完成！

子どもたちを励ましながら

細い角材でも、型に置くことによって、小さい子どもでも箸を安定させて削ることができます。ミニかんなをかける作業はスルッと角が削れて楽しいのですが、削りすぎてしまうと細過ぎて使いにくい箸になってしまうので注意が必要です。

使う道具と材料

ミニかんなで角を削った後、根気強く紙ヤスリをかけて、表面を滑らかにする（制作工程①・②）

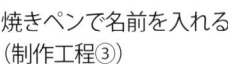

焼きペンで名前を入れる（制作工程③）

ヤスリがけは、イタジイが比較的堅い木材なので、子どもたちにとっては根気のいる作業になります。集中力が途切れてしまう子もいるので、「がんばっているね」「もう少しだよ」と声かけをして励ますこともスタッフの役割です。
焼きペンを使用する際は、スタッフや保護者が子どもたちに寄り添って、火傷などないよう見守ります。やり直しのきかない作業なので、子どもたちもより真剣に取り組んでくれます。

自分で作って愛着を持つ

完成したマイ箸を見せてもらうと、箸にギザギザの滑り止めを入れたり、持ち手を波のようにデザインしたり、毎回子どもたちの想像力には驚かされます。自分で手作りした箸には子どもたちも愛着を持つようで、大事に使っていると親御さん方からもご好評をいただいています。

地元の子どもたちを対象に始めたマイ箸作り体験ですが、今では県内のいろいろなイベントに呼んでいただけるようになり、都市部の子どもたちにも体験してもらい、やんばるの森の重要性や森と生活とのつながりを認識してもらえるようになりました。今後も子どもたちの笑顔を糧に活動の場を広げていきたいと思います。

＊まとめ　森林管理課
林業普及指導員　大城慎吾（所属は執筆時）

県内各地のイベントで
大人気

国頭村林業研究会のみなさん

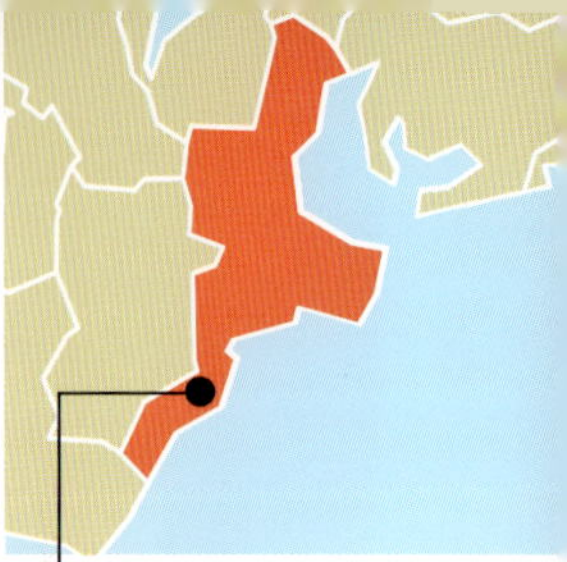

ヒノキの火鉢

尾鷲市林業振興協議会［三重県］

根曲がり部分を活用

尾鷲市林業振興協議会は、尾鷲市内の林業木材産業関係の8団体で構成した、林業木材産業の振興を目的とした団体です。会では、平成18年度に、尾鷲市有林から産出された「元返し」（造材工程で発生する根曲がり部分の端材で、未利用材として山に返していたことからついた名称）を利用した「おわせひのきモトガエシクラフトコンテスト」を実施しました。そのコンテストで佳作を受賞した「卓上火鉢」のデザインを活用した「尾鷲ヒノキ火鉢製作体験」を平成20年度から毎年実施しています。一般参加者にも尾鷲ヒノキに直接触れてもらい、良さや特徴をPRしてきました。今回はその尾鷲ヒノキ火鉢の作り方を紹介します。

尾鷲ヒノキ火鉢の作り方

❶元返しの皮を剥いで1カ月程度乾燥させます。細かい皮は、金属たわしでこするときれいに取れます。

ヒノキの火鉢完成品

❷はめ込むステンレスボウル（炭や灰、五徳を入れる）の大きさを勘案して上面下面の位置を決め、上面が水平になるようにチェーンソーで切ります。できるだけ根張を残したほうが趣きのあるものになります。

❸ボウルを入れる穴の位置を決めます。段ボールで型を作って位置決めするとイメージが湧きやすいです。くり抜く部分の内側をドリルで蜂の巣状に穴を空けていきます。できるだけ隙間なく穴を空けたほうが後での作業が楽になります。

❹ドリルで穴を空けた内側を、ノミ、チェーンソー、グラインダー等で彫っていきます。随時ボウルを入れて、穴の大きさを確認しながら彫っていきます。完成後も乾燥により収縮するため、少し大きめに彫ります。チェーンソーを使用する場合は、キックバックに十分注意してください。彫り終わったら紙やすりで表面を磨きます。また、好みによりバーナーで焼き目を入れたり、ワックスを塗ってください。

❺ステンレスボウルに灰を入れて五徳を設置して完成です。

火鉢製作体験では、❹の工程の途中まで仕上げた状態からスタートして、約2時間で仕上げます。完成品はもちろん火鉢として実際に使用できます。

尾鷲林業地は、役柱の優良材生産で栄えた産

皮を剥ぎ乾かす（❶）

チェーンソーで切る（❷）

地であり、密植、多間伐で仕立てられ、材価を優位にするため全幹により集材を行い、平坦な土場で節や曲がりを見ながら綿密な造材を行ってきました。

元返しの年輪や根張りを見ながら、「その木が立っていた山の斜面はどの方角を向いていたか？」「その木はどの方角から太陽を浴びていたか？」「施業はどの年輪の位置で行われたか？」など、その木の生い立ちを想像しながら作ってみてはいかがでしょうか。

＊まとめ　尾鷲農林水産事務所
森林・林業室　髙村　順（所属は執筆時）

ドリルで穴を空けると後作業が楽になる（❸）

チェーンソーや
グラインダー等で彫る（❹）

ボウルに灰を入れ、
五徳を設置すれば完成（❺）

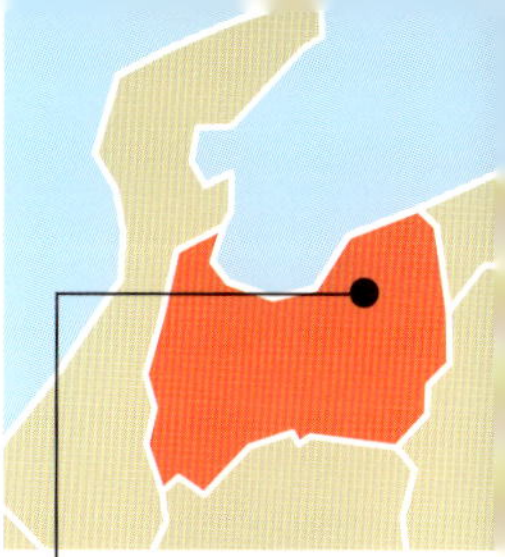

間伐材の花瓶台

魚津地区林業研究グループ［富山県］

間伐材のＰＲとして

魚津地区林業研究グループでは毎年10月に、魚津市と商工会議所が主催する魚津産業フェア「○○魚津（まるまる　うおづ）」でパネル展示や丸太切り体験のほか間伐材を使った木工教室を開催しています。

この教室は、管内のスギ間伐材（新川材）を使って親子で作品づくりをしてもらうもので、木材の手触り、香りなど木の良さを五感で感じてもらうとともに、間伐の必要性について知るきっかけにしてもらいたいと考えています。

平成24年度は花瓶台を作りましたのでその作り方を紹介します。

準備する部品（1セット分）

・天板（上部部品）5本
・脚（下部部品）　2本
・クギ　20本

使用する部品は森林組合の木材加工場で作りました。普段は、土木工事用の杭や住宅向け床

天板に使う木材を切っているところ

板を作っていますので、その際にでる端材を材料としました。

大きさは、揃っていればいいのですが、天板は（幅35㎜、厚み10㎜、長さ210㎜）、脚は（幅35㎜、厚み35㎜、長さ200㎜）にカットしました。

ささくれでケガをしないように、材料は面取りを行っておきます。小学生低学年用には、釘穴を開けた天板も用意しました。

材料 40 人分。
左から天板（低学年用に釘穴を空けたもの）、天板（通常）、間隔を測るための木片、脚

作り方

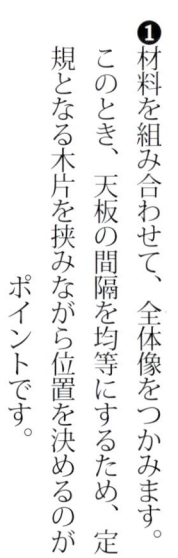

❶材料を組み合わせて、全体像をつかみます。このとき、天板の間隔を均等にするため、定規となる木片を挟みながら位置を決めるのがポイントです。

❷端から順に天板を釘打ちしていきます。

❸ヤスリがけをして出来上がり。

作り方はたったこれだけ。簡単です。

◆ポイント

教室は親子が安全に楽しめるように次のことに気を付けました。

・材料は小学生でも扱いやすい大きさで、部品の種類はなるべく少なくします。

・作業内容はできるだけ単純にします。しかし、釘打ちなどお父さんが活躍できる作業は残しておいた方が親子で楽しめます。

作成手順の説明。
間伐材のＰＲも忘れずに
行います

親子で釘打ち

工夫1つでオリジナル作品に

この教室は、23年度から開催しており、初年度はイスと棚を作ったのですが、作り方が難しい、電気工具の使用に危険が伴う、など課題が残りました。

今回は材料や使用工具を再検討しスムーズに作業を行うことができました。

また、作品が単純なので、角を切ったり色を塗ったりとちょっとの工夫でオリジナル作品ができます。加工がしやすいのも木の特徴です。

次回の開催ではさらに改善し、「作ることも使うことも楽しい」作品の提供に努めたいと思います。

＊まとめ　新川農林振興センター
主任林業普及指導員　石割久晶（所属は執筆時）

魚津地区林業研究グループの皆さん。
林業事業体職員、森林所有者など会員32名で活動

人工林内に作ろう ツリーテラス

谷 公雄さん・純子さん夫妻［大阪府］

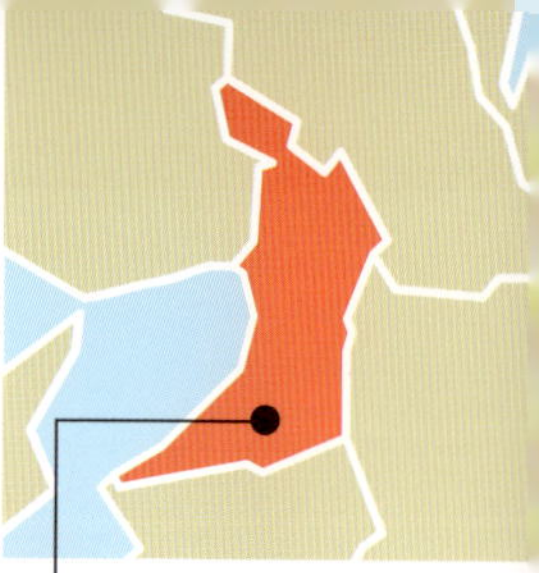

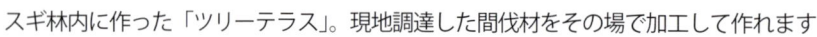

スギ林内に作った「ツリーテラス」。現地調達した間伐材をその場で加工して作れます

子どもたちは大はしゃぎ。裸足で走り回ります

立木を傷めず、全て現場調達で

人工林にぴったりの構造

ツリーハウスと聞くと、1本の大きな広葉樹の樹上に作る小屋を想像しますが、スギやヒノキ、カラマツなどの人工林の中でも作ることができます。

ポイント①「林内に作れる」

複数の立木を利用して支える構造で、立木と立木の間に作ります。通直な木々が立ち並ぶ人工林こそ最適と言えるでしょう。

ポイント②「材料は現場調達」

人工林内に作れば、材料は周囲からすぐに調達できます。つまり、間伐した木をその場で使うということです。またチェーンソーを駆使して、現場や現物に合わせて必要な長さに切ったり、形を整えたり、その場で加工・調整できる点がメリットです。

ポイント③「立木を傷めない」

テラスを固定するために立木を傷つけるのは忍びないものですが、立木を傷めることなく固定することが可能です。具体的には、次のような構造となっています。

立木には大きな力が加わらない

皮を剥いた間伐材を立木に寄り添わせて立て、ロープで数カ所、立木に縛り付けます。これが柱となってテラスの重さを支えるので、立木に大きな力が加わらない構造になっています（右写真）。

次に、柱の上に桁（横架材）を乗せます。立木との固定にはロープを使ったり、立木を挟み込んでボルト止めします。いずれにしても、立木に傷が付かない方法です。一方、柱と桁とはカスガイやボルトを使ってしっかり固定します（下、左頁写真）。

立木にはロープを縛り付けて固定します

その後は床や手すりを作ります。床板には、谷さんのように製材した板を使う本格仕様、あるいは間伐材を半割りして並べてもいいでしょう。

重い材を動かしたり持ち上げるには、チルホール（けん引具）やチェーンブロック（吊上装置）などの道具が便利です。

ツリーテラスが不要になっても、分解すれば元通りの山に復帰できる点も魅力です。

材で幹を挟み込み、ボルト締めする方法。幹が傷つかないようゴムシートを使用

ちなみに谷さん夫妻は、隣人の大工さんや友人の手も借りながら延べ20日間ほどで作ったそうです。

大人も子どもも楽しめる

ツリーテラスは大人にも子どもにも大人気です。仲間と一緒に花見やティータイムを楽しんでもいいですし、子どもにとっては格好の遊び場です。ツリーテラスを作って、仲間と、家族と、自山を楽しんでみてはいかがでしょうか。

＊まとめ　編集部

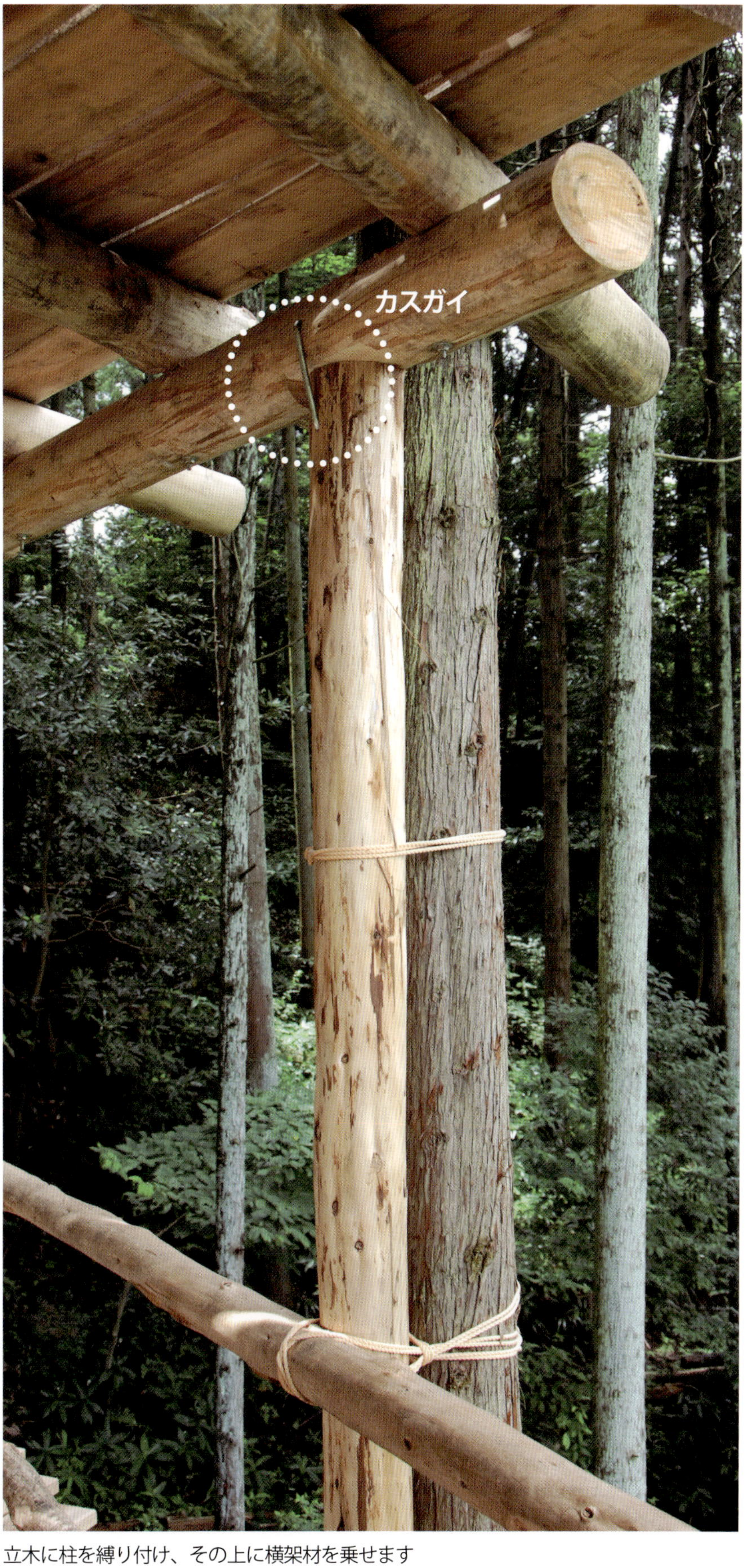

立木に柱を縛り付け、その上に横架材を乗せます

風倒木でつくる花壇

仙南フォレストクラブ［宮城県］

爆弾低気圧がもたらした風倒木の松丸太

林業研究グループ仙南フォレストクラブ（会長／引地秀市さん）は林業に関する知識・技術の習得や地域に貢献する仲間づくりを目的として平成21年2月に発足し、会員は14名です。会員の多くは林業に従事していますが、林業とは関係のない会員もいてバラエティに富んだ顔ぶれとなっています。

地元の農林高校生に対するインターンシップやNPO法人と協働した森林づくりイベントに参加するなど、活動の対象を広げています。

そのような中、平成24年4月の爆弾低気圧によって、多くの風倒木が発生しました。その風倒木を活用して、自分たちで取り組めることはないか話し合った結果、風倒木を資材としてそのまま使用する「松花壇」を作り、仙台市の水瓶として知られる町のシンボル「七ヶ宿ダム」の管理事務所内に設置することにしました。

風倒木を活用した「松花壇」

松花壇で順調に成長するハーブ

設置作業に汗を流す参加者

設置場所に玉切りした
マツを並べ、かすがいで固定

「松花壇」の作り方

■準備するもの

・マツ丸太（今回は、長さ2m、1・3m、直径20～25㎝のマツ丸太をそれぞれ2本ずつ使用しました。長さや使用本数を変えて、自由に大きさや形を調整可能です）
・かすがい
・かなづち
・巻尺
・水糸
・ピンポール（測量用ポール）
・スコップ

■花壇作りの手順

①水糸、ピンポール等で設置場所にマーキングをします
②マーキングした位置に玉切りしたマツを並べます
③並べたマツをかすがいで固定します
④スコップで土を入れて完成

作業はマツ丸太を並べ、かすがいで固定するだけなので、誰でも簡単に行うことができます。

花壇の間隔・配置に気をつけながらマーキング作業をして作業に取りかかるのがポイントです。

収穫されたハーブを手に記念撮影

子どもからお年寄りまで
～人と森とのふれあい

「松花壇」作りは広く参加を募り、子どもからお年寄りまで多くの方に参加していただきました。花壇への土運びや植栽するハーブの準備など、協力しながら作業に取り組みました。夕方には設置作業が終わり、出来上がった花壇越しに映る湖面を思い思いに眺め、達成感と心地よい疲れに包まれている姿がとても印象に残りました。「松花壇」に植栽したハーブは後日収穫し、パスタやソーセージと一緒に美味しくいただきました。

仙南フォレストクラブでは、「松花壇」のほかにも、子ども向けの環境ワークショップなどのイベントで、スギの端材を使った「カスタネットづくり体験コーナー」を設けるなど、木材とのふれあいや森林への親しみを感じる誰もが気軽に参加できる活動を行っています。

今後もこのような活動を継続し、多くの方々に木材の良さや森の魅力を実感してもらう機会を提供し、林業に携わる人が1人でも多く誕生するよう期待します。

＊まとめ　大河原地方振興事務所
林業振興部林業振興班　成田　讓（所属は執筆時）
（紹介内容は平成25年時のものです）

幅広い年代に人気のカスタネットづくり

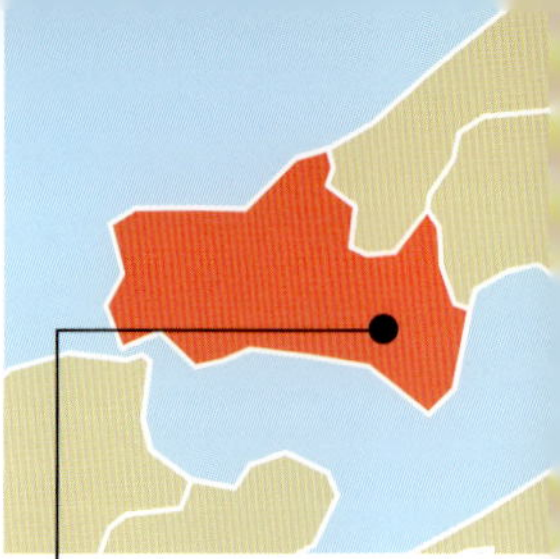

ヤマザクラの樹皮の行燈

光市林業研究会［山口県］

ヤマザクラの樹皮を通した
紅色の光が楽しめる行燈

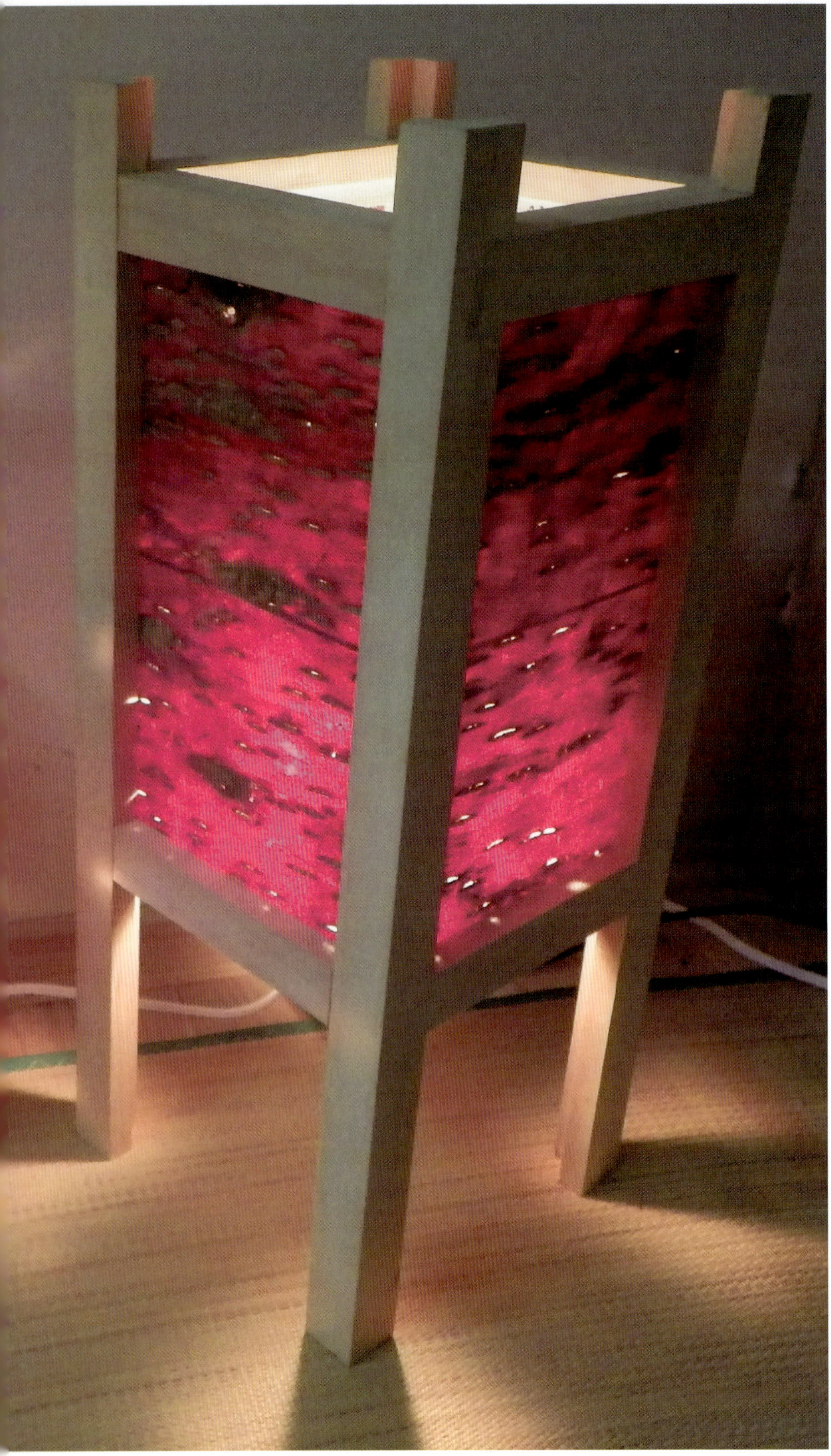

ヤマザクラの間伐材を有効活用

光市は瀬戸内海に面した温暖な都市で、森林率は約55％ですが、林齢の若い森林が多くあります。十数年前からモウソウチクの伐採後にヤマザクラなどの広葉樹を植え、現在間伐の時期を迎えています。

光市林業研究会（会員数38名）では、ヤマザクラの間伐材を有効に活用するため「ヤマザクラ間伐材活用部会」を立ち上げ、ナメコ原木、スモークチップ（燻製を作る際の燻煙材）、木工工作、草木染め等に取り組んでいます。

今回は、魅力的に輝く、樹皮の行燈の作り方を紹介します。

樹皮の剥ぎ方・保管の方法

伐採直後であれば、面白いくらい綺麗に樹皮を剥ぐことが出来ます（適期は7〜8月頃）。

○作業しやすい長さに切った材の上下方向にナイフで切れ目を入れます。

○心材まで竹ヘラを入れて円周方向に樹皮をおこし、全体を持って引っ張って剥がします。

○剥がし終わったら樹皮面を下にし、師部・形成層を剥がし樹皮だけにします（樹皮は上下方向に、師部・形成層は横方向に裂けやすいので注意）。

○剥ぎ終わったらすぐに、新聞紙にはさみ1枚ずつ重ねて上から重石をかけます（時間が経つと樹皮が平らになりません）。

○半年から1年乾燥させます。新聞紙が湿れば交換します。

○乾いたら、樹皮の表面をナイフで磨きます。

行燈の作り方

❶輪切Aの上面から約2㎝下に円周方向にナイフで切れ目を入れ、上の部分の樹皮を剥ぎ、台座を作ります。

❷台座にコードが通るように、ノコで切れ目を入れます。

❸台座の中央にコード付きソケットをネジ等で

固定します。

❹輪切Bの皮を剥ぎ、ジグソーで幅1・5㎝程度のドーナツ状に切り抜き、円筒樹皮の上部の補強材を作ります（竹ひごでも良い）。

❺輪切Bの周囲に樹皮の上面を合わせ、円筒状になるように釘（またはタッカー）で固定します。

❻樹皮の下部を台座に合わせ円筒型にして樹皮の端をホッチキス等で固定します。

❼台座に円筒樹皮を乗せて完成です。

【材料】

○ヤマザクラ樹皮：23 cm × 50 cm

○ヤマザクラ輪切

輪切A：直径 15 cm ×厚さ 5 cm

輪切B：直径 15 cm ×厚さ 1.5cm

○コード付きソケット電球（22 w）、ネジ

【道具】

ナイフ、ノコギリ、ジグソー、釘、ホッチキス

ヘラを使って樹皮を剥ぐ

ナイフで削ぐようにして
磨いているところ

作り方❺（裏側）

光市林業研究会の皆さん

森からの恵みを活用しよう

「森からの恵みを有効に使えば、山もきれいになる」をテーマに、光市林業研究会ではヤマザクラ以外にも竹材活用部会など7つの部会を立ち上げ、林研活動や市内のイベント等で、竹細工やシイタケのコマ打ち、草木染の体験教室等を開催し、地域に広げています。

皆さんも、森の恵みを活用してみませんか。

＊まとめ　光市林業研究会　三芳隆資

（紹介内容は平成26年時のものです）

組み木でも作れる

杉玉

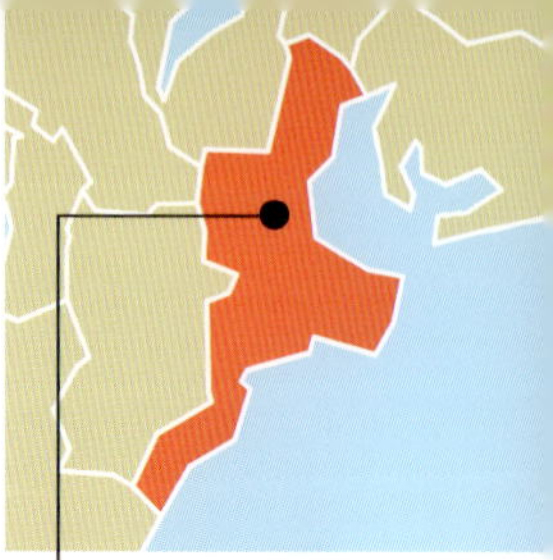

杉玉

美杉林業研究会［三重県］

新酒完成のお知らせからインテリアへ

林平成20年4月、津市美杉町を中心に森林・林業に関する技術の向上と経営の安定を図り、美杉地域の林業振興に資することを目的に美杉林業研究会が発足しました。

美杉林業研究会における「杉玉」づくりについて紹介します。

杉玉は、スギの葉を集めて球状にしたもので、日本酒の造り酒屋などの軒先に杉玉を吊すことで、新酒ができたことをお知らせする役割があり、吊るされたばかりの杉玉は蒼々としており、時間の経過とともに枯れ始め茶色がかってくる変化が、新酒の熟成具合を物語っているとされています。

また、インテリアとしての関心の高まりや、お正月に飾るしめ縄の代わりとしても活用されつつあります。

「杉玉」づくりの手順

●準備するもの
❶スギの枝穂
❷稲ワラの表皮（この地域では、スクダと呼ばれています）
❸バインダー紐、シュロ縄
❹ドライバー（工具）など
❺剪定はさみ

●作り方
❶はじめに芯球づくりに取りかかります。芯球は、稲ワラの表皮を利用し直径15㎝程度の球状に仕上げます。後に、枝穂を挿すため、あまり硬く仕上げないことが大切ですが、柔らかく仕上げると、できあがりの際に形が崩れるので注意が必要です。
❷芯球が仕上がったら、形が崩れないようバインダー紐を用いて、表面（6〜7割程度）にまんべんなく巻き付けます（写真A）。
軒下などに吊るす場合は、杉玉の重量を考慮し、シュロ縄を使用します。吊す際に必要な長さを確保して、2本のシュロ縄でクロス状に巻き付け、この縄がズレないようバインダー紐で適宜固定します。はじめに確保しておいた長さの縄を2本ずつ手でよって輪にします（写真B、C）。
❸次に、用意した枝穂の調整を行います。長さ

写真A　バインダー紐で稲ワラを固定

写真C　吊るすシュロ縄は、2本ずつよる

写真B
シュロ縄がずれないよう、バインダー紐で固定

は15㎝程度で、完成後の見栄えを良くするため、太い枝穂は切り落とします（写真D）。

❹仕上げた枝をドライバーで補助しながら、丸みを帯びるよう極力密な状態で上部から挿し込みます（写真E）。

1つの杉玉に利用する枝の本数は、約800本になります。

❺差し込みが完了したら、きれいな球状になるよう繰り返し枝穂を剪定します。

写真D　完成した芯球と、15㎝程度に切り揃えた枝穂

写真E　ドライバーで補助しながら枝穂を挿し込む

これで、作業は完了です。この場合の仕上がり寸法は、直径で約35㎝です。

ここまでの作業時間は、手慣れた方で4時間程度になります。

コツや経験が必要となり、最初からきれいに仕上げるのは困難ですが、完成した杉玉は風情があり、とてもきれいです。読者の皆様方も、杉玉づくりにチャレンジし、ご自宅などに飾ってみてはいかがでしょうか。

＊まとめ　森林・林業経営課
林業経営・普及G（津市駐在）
主査　鎌田康宏（所属は執筆時）

杉玉を集まって作る美杉林研の皆さん

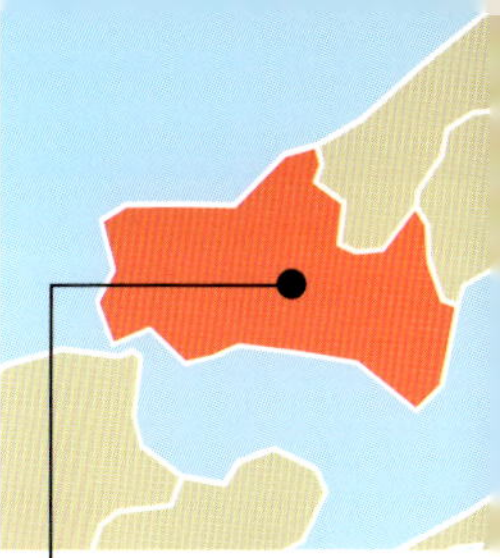

こけ玉

阿東女性林業研究会［山口県］

以前からの趣味が収益に

阿東女性林業研究会は昭和56年9月に設立され、平成24年の9月で結成から30年が経ったベテラン林研グループです。会では、身近な森の恵みを活用した、こけ玉づくりを中心に16名の会員で賑やかに活動しています。

こけ玉に着目したきっかけは10年ほど前。都市部のショッピングセンターで行った林業女性グループ作品展「森からの贈り物」に、以前から趣味で作っていたこけ玉を出品したところ予想以上に好評だったのです。

最近では、フラワーアレンジメントの視点や手法を取り入れたこけ玉の試作や、こけ玉にあしらう山野草についての知識をより深めるため、山野草観察会なども行っています。

こけ玉の作り方

■準備するもの

・お好みの山野草：シャガ、リュウノヒゲ、ヤブコウジ、ユキノシタ、トウゲシバなど

こけ玉作品

こけ玉づくりに準備するもの。山野草（右）、ミズゴケ（中）、コケ（左）、はさみ・針金（または黒木綿糸）（上）

これらは色々と試した中で、水あげが良くて1年中青々していることから定番に。ヤブコウジやリュウノヒゲは赤い実や青い実がポイント。ユキノシタは花も楽しめる。そのほか、季節によって入れる山野草を変える。アレンジメントなどイベントの場合は、1人分ずつに分けておく。

・ミズゴケ：こけ玉の芯になる。

・コケ：家の裏山や道路の法面等に生えている緑のコケ（シノブゴケなど）。各イベントの2～3日前に採取する。落ち葉などのゴミは取り除いておく。発泡スチロールやダンボール箱などに入れ、新聞紙を掛けて日陰にて保存する。

・針金（または黒の木綿糸）、はさみ、バケツ、水

■手順

❶野草をバランス良く組み合わせる。背の高いものは奥に、背の低いものは手前に。山野草の根は長いもので周りをぐるぐる巻いてまとめる。

❷山野草の根の周りをミズゴケで覆う。ミズゴケはきつくぎゅっと丸めて固めの丸い玉にする。

❸②のミズゴケの玉を針金で巻く。巻き始めの針金は5㎝ほど残し（最後の止めに使うため）、ミズゴケがばらけない程度に全体に巻く。

❹③のミズゴケの周りをコケで覆う。コケは首（山野草の根元）のところから合わせていき、首のところはコケを内側に折り込むようにするとスッキリきれいになる。

❺④で丸めたこけ玉の周りを針金で全体的に巻いていく。出っ張ったところに針金を巻くと形を丸く整えやすい。最後は③で残しておいた針金と一緒に巻いて締める。締める時は、針金ではなくこけ玉をまわすと締めやすい。完成したら、水を張ったバケツにこけ玉を数

イベント前の準備。採取したコケの掃除や、山野草を１人分ずつにセットします

イベントでもこけ玉づくりは大人気

分浸けて水を吸わせる。

こけ玉を長く楽しむには

こけ玉づくりは各種イベントでも大変人気があり、小さな森の癒しとして皆さんに喜ばれています。また体験イベントをしていると、通りすがりの方から「以前のイベントでこけ玉作ったよ！　大切にしてるよ！」などと声を掛けていただくこともあり、会員としてもとてもうれしく思います。

こけ玉は、春は半日陰のベランダや明るい窓際、夏は日陰の屋外や風通しの良い室内、秋は半日陰の屋外や南向きの窓際、冬は明るい室内が向いています。冷暖房の風には当てないでください。

水やりは、こけが乾いたら（持ちあげると軽くなっている）、バケツなどの深い容器に水を入れ、こけ玉を水に浸けます。受け皿に常時水が溜まっていると根腐れの元になります。乾燥などでこけが黒っぽくなったら、液肥を数滴垂らした水に浸けると回復します。

これからも、山野草などの身近な森の資源を活用し、森林・林業の大切さを伝える山の応援団としての活動を続けていきます。

＊まとめ　山口農林事務所森林部
森林づくり推進課　柳本良子（所属は執筆時）
（紹介内容は平成24年時のものです）

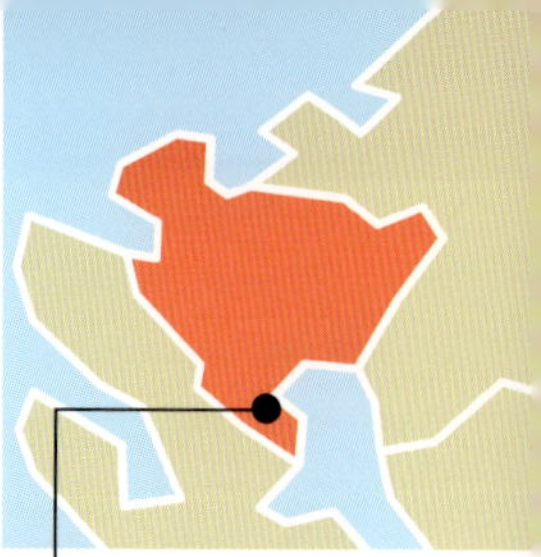

ハゼ（和ロウソク）

塩田町はぜ紅葉会［佐賀県］

きっかけは町おこしから

今から15年ほど前、町内の山間部において耕作放棄地が目につくようになったため、景観を保全し里山の美しさを生かした町おこしができないか思案していました。

そんな時、ある講演会に参加したのをきっかけにヒントを得て、「ハゼの実栽培」を思い立ちました。そこで、地区の女性たちを中心に声を掛けたところ、多くの賛同者が集まったことから「ハゼの木植えて景観保全」「ハゼの実採ってロウソクづくり」をうたい文句に、平成9年「はぜ紅葉会」を立ち上げ、活動を始めました。

ハゼノキの栽培

平成9年の発足当初は、栽培するハゼの品種を選定するため、隣県への視察を重ねました。そして県内でも栽培事例があり、果実の生産性に優れた品種の「伊吉ハゼ」を選定し、４８０本の苗木を植栽することから始めました。

ハゼの実を収穫する。生産性に優れた品種の「伊吉ハゼ」を栽培している。現在 1200 本超のハゼの木が植えられている

ハゼの実からロウソクをつくるため、ハゼの収穫後には、実と枝を分離させる。実は蒸して圧搾機で精製し、木ロウを温めて液状にする

ハゼの実からつくった和ロウソク

ハゼまけ対策や夏場の下刈り、また、収穫を行いやすくするため、背丈が伸びないよう剪定を毎年繰り返すなどの苦労の甲斐もあり、平成15年の初収穫量は約２５０kgで、実の質も高かったことから、１kg当たり１８０円で販売することができました。現在では、ハゼの木も１２００本を超えるまでになり、収穫量に至っては、平成22年はやや不作ではあったものの約１３００kgを収穫し、出荷したところです。

ハゼの実からロウソクづくり

会員たちは、昔ハゼの実からロウソクを作っていた方々から情報を収集し、ロウソクづくりの体験を積んでいきました。町内外のイベントなどで、ハゼの実からロウソクができることを伝えながら、ロウソクづくり体験も併せて行ってきました。ロウソクづくりの工程は次のとおりです。

1. 収穫した実を10分程度蒸し、圧搾機で精製する
2. 木ロウを鍋で温めて液状にする
3. 石膏で作ったロウソクの型に和紙で作った芯を立てる

地元中学生のロウソクづくり体験。地域の小中学校からハゼの実採取とロウソクづくりの体験指導の依頼を受け、開いている体験教室は大変喜ばれている

4．ロウを型に流し込み、10〜15分程度で型から外す

現在では、地元の中学校をはじめ、各地域の小中学校からもハゼの実採取とロウソクづくりの体験指導の依頼を毎年受け、体験教室を開いています。子どもたちや先生方から大変喜ばれ、これからも、このような活動を続けていければと思っています。

ハゼノキを今後も守っていくために

現在、会員の高齢化が進んでおり、今後どのようにハゼの木を管理していくかが大きな問題となっています。今後は、紅葉で都市部の人を招致できるよう、地域と一体となって景観の保全に取り組むとともに、ロウソクの販売やそれ以外の新商品開発にも挑戦していきたいと考えています。

＊まとめ　佐賀県鹿島農林事務所林務課
普及担当　山田真吾（所属は執筆時）
（紹介内容は平成23年時のものです）

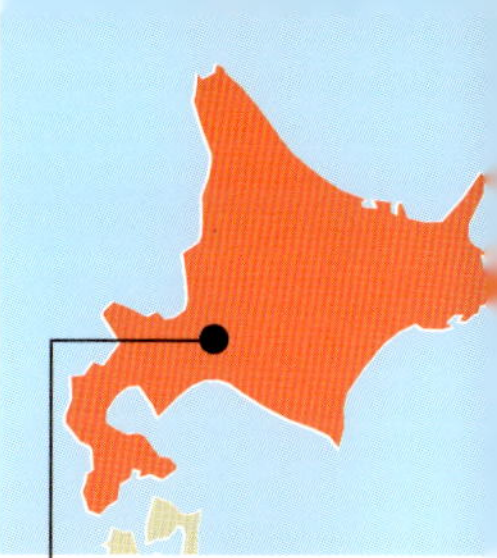

手づくり香水

くりやま女森（めもりー）ーの会［北海道］

森林（もり）ガールズならではのセンスで

くりやま女森ー（めもりー）の会（会長／早坂美千代さん）は栗山町で森林やみどりに関心が高い女性が集まり、平成20年3月に、北海道で6番目となる女性林業グループとして結成されました。現在、正会員11名、賛助会員8名の計19名で「楽しみながら地域へ貢献」をモットーに活発に活動しています。

会では所有林の整備や地域住民を対象とした木工クラフト教室の開催など多くの活動を行っていますが、今回は女性林業グループならではの活動として取り組んだ、トドマツ等の葉を使った「香水」の作り方についてご紹介します。

よい香りの葉で作る

一般的に香水は、蒸留装置で抽出した精油（エッセンシャルオイル）をアルコールなどで薄めて作りますが、市販の蒸留装置はかなり高価なため、会では身近なものを利用して、手づくりの「簡易蒸留装置」を考案しました。

さまざまな植物から抽出した香水

ヤカンに採集した葉をぎっしり詰める

枝から葉だけをちぎって集める

香水の集め方

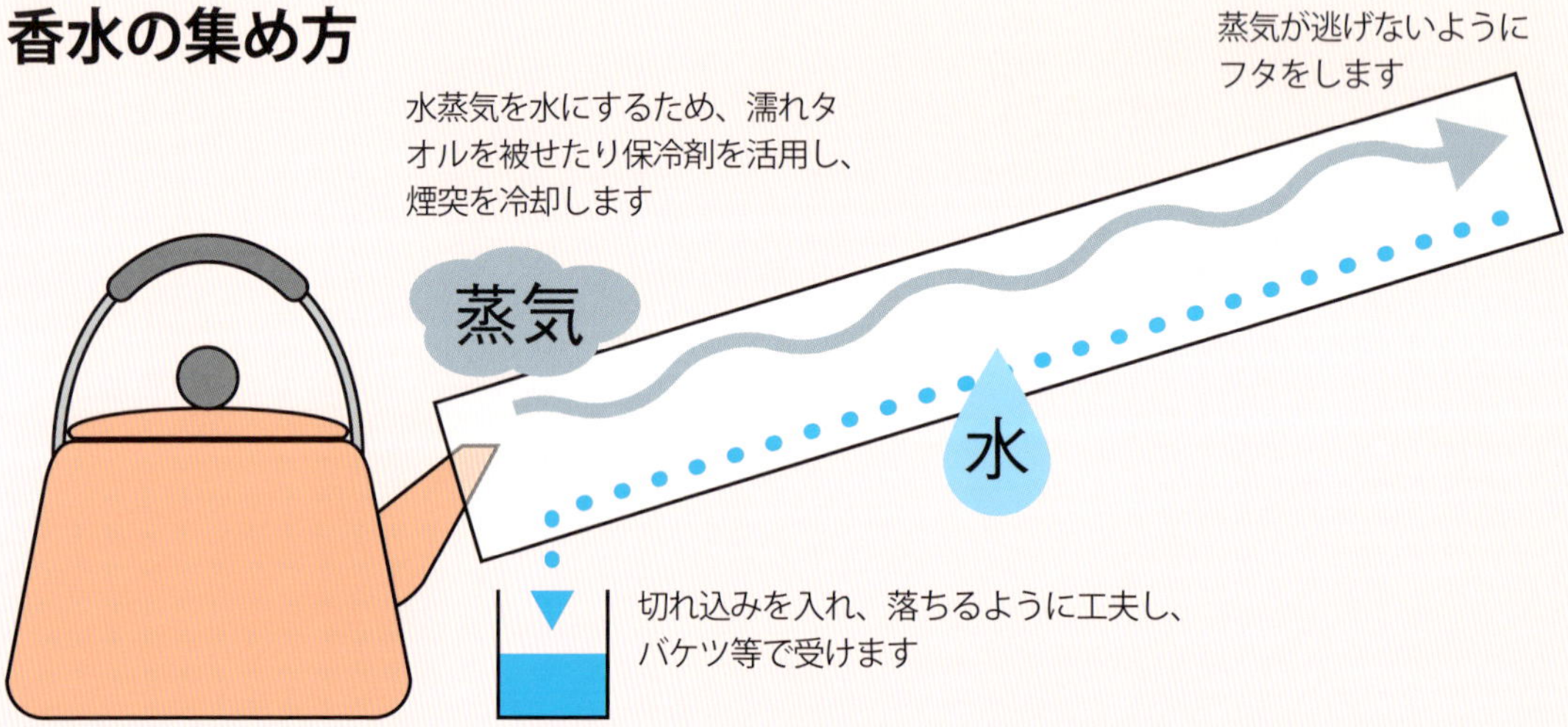

蒸気が逃げないように
フタをします
水蒸気を水にするため、濡れタオルを被せたり保冷剤を活用し、煙突を冷却します
蒸気
水
切れ込みを入れ、落ちるように工夫し、バケツ等で受けます

■準備するもの

・原料（トドマツやニオイヒバ、ミントなどの葉）

・ヤカン

・カセットコンロ

・ステンレス製の煙突（直筒を5本程度繋いだもの。長さを約2・5mに）

・アルミホイル

・濡れタオルや保冷剤

・ボウル等

・必要に応じてコーヒーフィルター等（ろ過する場合）

・香水用容器

■作り方の手順

❶トドマツなど原料となる葉をヤカンいっぱいに集めます。

❷集めた葉をよく洗ってから、ヤカンに葉と水を満たします。

❸蒸気が逃げないようにヤカンとフタの隙間をアルミホイルで塞ぎ、カセットコンロでヤカンの水を沸騰させます。

❹ヤカンの注ぎ口から蒸気が出たら、煙突を被せ、蒸気が煙突内を流れるようにします。この際、煙突の上の口（出口）はアルミホイルでフタをします。

❺煙突に濡れタオル（必要に応じて保冷剤を使用）をかけ、煙突内の温度を下げることで、

煙突は天井から紐で支えるなどして補強

冷やされた蒸気が水滴となって落ちてくる

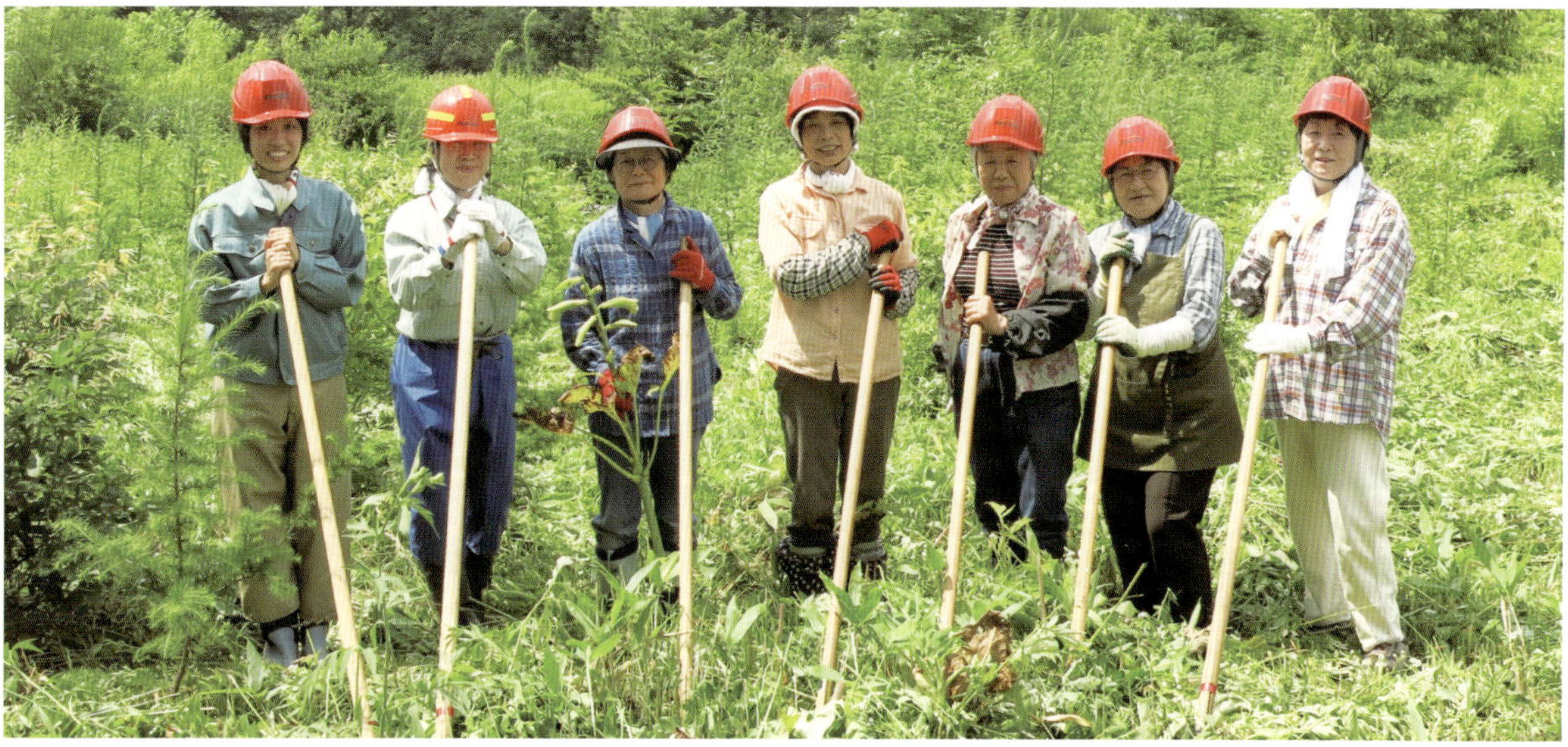

くりやま女森一の会の皆さん

水蒸気を水（香水）にします。

❻煙突の下の口から「香水」が落ちてくるので、ボウル等で受け止めます。煙突下部に切り込みを入れると受け止めやすくなります。

❼採取した「香水」が汚れているようなら、コーヒーフィルター等でろ過します。

❽香水用の容器に入れて、できあがり！

家にいながら森林浴！

今回ご紹介した香水は、市販されている香水ほど強い匂いはしませんが、さわやかで深い、優しい香りがします。寝る前に枕に少し吹きかけたり、タオルに吹きかけて首に巻けば、ほのかに森林の香りがして、身も心もリフレッシュできます。

色々な樹種でチャレンジして、誰も持っていない自分だけのオリジナル香水をぜひ作ってみてください。

＊まとめ　空知総合振興局森林室
普及課　伊藤裕子（所属は執筆時）

飾り炭

林業研究グループ徳島あったか炭クラブ［徳島県］

一斗缶や鍋などを使った「飾り炭」

林業研究グループ徳島あったか炭クラブ（会長／渡辺一弘さん）は、平成21年9月に発足し、会員は現在22名、うち5名が女性会員です。まだ発足して間もないグループですが、炭の良さをPRするため、子どもたちを対象にした炭の勉強会や炭焼き体験会などを精力的に開催するほか、炭のさまざまな効果を利用した新しい商品づくりを提案しています。

炭焼き体験会では、手軽に炭焼きを体験できるように、小型炭窯のほか一斗缶や鍋などを使った「飾り炭」づくりを行っています。例年、都市部の子どもたちを対象にした体験会を実施していますが、平成24年の夏は、福島県の子どもたちにも炭焼きを体験してもらう機会がありました。

飾り炭の作り方

小型炭窯などを使った「飾り炭」の作り方を紹介します。

■準備するもの

・小型炭窯（一斗缶や鍋でもOK）

・飾り炭の材料（松ぼっくり・すだち・みかん、とうもろこし・栗など）

・アルミホイル

・針金

・もみがら

・炭

■炭焼きの手順

①いこった（燃えた）炭を小型炭窯の4分の1まで投入します

②材料をアルミホイルで2重に巻き、小型炭窯に入れ、もみがらをまんべんなく敷き詰めま

小型炭窯

小型炭窯（右上）で炭焼き体験

アルミホイルから飾り炭を取り出すが、中には失敗作も

うまく焼けた飾り炭に子どもたちはびっくり

す

③最初は空気口を全開にし、煙が透明になると空気口と煙突を閉じます

④水分が多いものは2～3時間でできあがりです。松ぼっくりなど水分の少ないものは、1時間程度でできあがります

▼一斗缶を利用する場合は、材料をアルミホイルで2重に巻いて缶に入れます。アルミホイルの周りにもみがらを入れ、蓋をします。缶を針金でしばり、いこった炭の中へ投入します。缶のまわりに木くず等を投入し、缶に火がまんべんなく行き渡るようにします。2～3時間程度でできあがりです。

子どもたちは大喜び

慎重にアルミホイルを剥がしていき、焼き上がった飾り炭を見た瞬間、体験会に参加した子どもたちから驚きの歓声が上がります。また、火力が強すぎて炭がばらばらになったり、逆に弱すぎて生焼けになったものもあったりしますが、それぞれに炭焼きの難しさを実感します。

会員と体験会参加者の皆さん

編集部注：「飾り炭」のご紹介は、平成24年度時点のものです。現在、林業研究グループ徳島あったか炭クラブは、林業研究グループ『ＡＷＡ☆スミット』実行委員会と名称を改め、引き続き委員長の渡辺一弘さんを中心に、活発に活動しています。

福島県の子どもたちにも体験会を開催

炭を利用した新しい商品の開発

会長の渡辺さんはアイデアマンで、炭の効能を利用したさまざまな炭用品を開発しています。これまでに、炭アイスや炭クッキー、お茶やコーヒーに入れる炭パウダー、脱臭製品、炭の防災セットなどを考案し、グループの事務所でもある「徳島炭市場」から商品として販売しています。

炭クラブでは、こういった体験会等を通じて、多くの人に炭の魅力を実感してもらい、特に、家庭内で炭の利用が進むことを目標にしています。今後の益々の活躍を期待しています。

皆さんも、森の恵みを活用してみませんか。

＊まとめ　東部農林水産局〈徳島〉
林業振興担当　笹山鉄也（所属は執筆時）

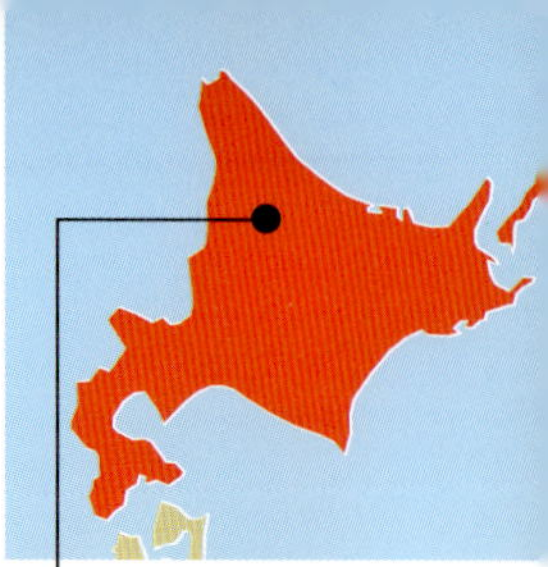

花炭

女性林業グループ木楽女喜(きらめき)の会［北海道］

花炭いろいろ

森と心の豊かさを求めて

女性林業グループ木楽女喜（きらめき）の会（会長／山口喜代子さん）は平成12年3月に結成された道内5番目の女性林業グループです。現在の会員数は14名（うち賛助会員2名）。道北の街、士別市を拠点に、広く森の大切さを伝え、心豊かな生活環境を作り出すことを目的として活発に活動しています。今回は会で平成13年に炭焼き体験を行った際、当時の林業普及指導員に制作方法を教えてもらったのがきっかけで作り始めた「花炭」づくりについて紹介したいと思います。

花炭ってな〜に？

「花炭」とは木の実、松かさ（マツボックリ）、花、野菜、果物などを炭にするものです。「花炭」は素材をそのままの形に炭化できるので、お部屋のインテリアになるほか、家の玄関や下駄箱などに置いても脱臭効果が得られます。

準備するもの

・素材（木の実、松かさ、花、野菜、果物など）
・カセットコンロ（煙が出るため屋外で行った方が望ましい）
・素材を入れる缶（鉄かステンレス製のもので気密性が高いものが望ましい）
・針金（気密性を高くするため缶を縛る）
・ペンチ等、火ばさみ、軍手

炭化していないところも若干ありますが、
こんな感じで完成！

写真Ａ　花炭を製作中。
ご覧のように、軽装で手軽に焼けます

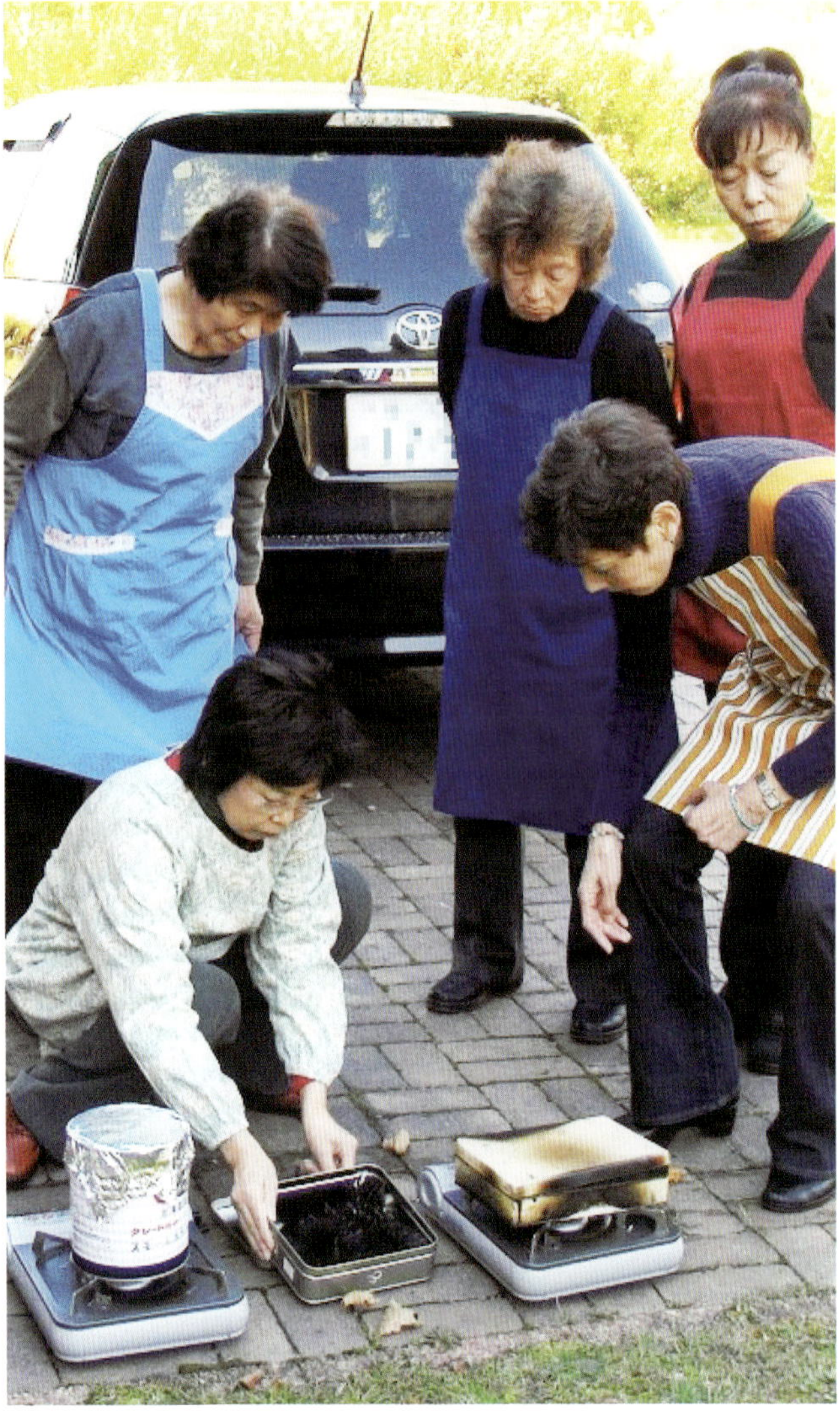

作り方の手順（写真Ａ）

①素材を缶に入れる
②缶を針金で縛る
③缶をカセットコンロで炙る
火の強さ及び時間は素材によって変わります。火力及び時間の例（調整には、ある程度経験が必要です）
▼クルミ：中火で15分くらい
▼マツボックリ：中の強で12～13分くらい
▼ほおずき：中の弱で12～13分くらい
④缶から白い煙が出なくなったら火を止めます。
⑤缶の温度が下がったらペンチ等で針金を切り、火ばさみを使って缶を開け、素材を壊さないように静かに取り出し完成です。
完成した花炭は個人のセンスでカゴ等に入れ、インテリアとして飾ると良い雰囲気になります。

女性ならではの感性から

女性林業グループ木楽女喜の会では、「花炭」のほかに「炭焼き体験」、「リース作り」、「クルミ餅作り」、「紙漉き」、「市有林の森林整備」なども行っています。

また、地域のイベント等に積極的に参加し、森林の大切さをＰＲしています。今後も、さらなる活躍を期待しています。

皆さんも、森の恵みを活用してみませんか。

＊まとめ　上川総合振興局北部森林室
普及課　武石智彦（所属は執筆時）

マツボックリの花炭

つるを材料に作成した会の看板

木楽女喜の会の会員の皆さん

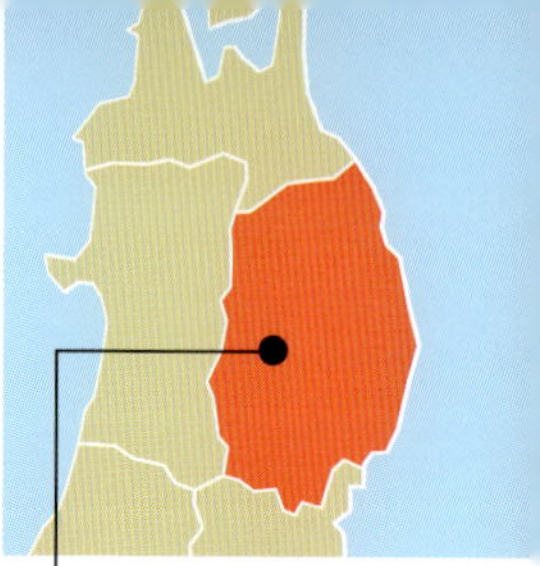

森の巨大リース

林業研究グループ盛岡市森林組合青年部［岩手県］

直径約２ｍのリース。
平成25年は直径２ｍのものを２個、
１ｍを13個、30cmを80～90個制作した

冬の盛岡を彩ろう！

林業研究グループ盛岡市森林組合青年部は、現在、会員16名（男性14名、女性２名）の森林組合職員中心の林研グループです。些細なきっかけから、「Ｗａのまちもりおか～絆の輪～プロジェクト」（※91頁参照）という活動に森林素材の提供を通じて参画するようになりました。このプロジェクトでは全体目標として、冬の盛岡を彩ろうという活動を行っています。そこで制作している「もりおか森のリース」をご紹介します。

巨大リースの作り方

リースベースと、オーナメント（飾り）の経木の花、分けて手順を紹介します。

■リースベース

【材料】

・つる性植物、枝など
・スギの葉
・クラフト用チキンネット（一般的な柔らかい金網でＯＫ）

❶つる性植物（生でもＯＫ）をおよそ外径で１ｍになるよう輪の形に平均的に巻いていきます。
❷ビール瓶くらいの太さになるまで巻いたら、クラフト用チキンネット（金網）を巻き付け、細めのクラフトワイヤーで固定します。
❸中心上部になる場所を決め、そこから左右に、剪定したスギの葉をネットへ差し込んでいき

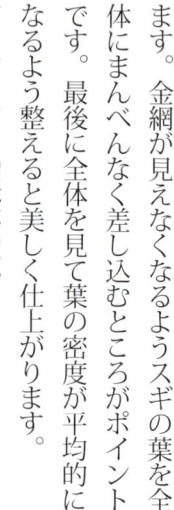

ます。金網が見えなくなるようスギの葉を全体にまんべんなく差し込むところがポイントです。最後に全体を見て葉の密度が平均的になるよう整えると美しく仕上がります。

■オーナメントの経木の花

【材料】

・松ぼっくり（乾き開いたもの）
・経木
・ホットボンド（グルーガン）
・木工用ボンド
・クラフト用ワイヤー

❶経木に花びら形（型紙用のため1枚でOK）を鉛筆で書き、型をハサミで切り取ります。

❷①の型紙を使って、経木を重ね切りすると、同じ大きさの花びらがいくつも作れます。今回は花びら16枚の花を作ります。

❸松ぼっくり下段部の隙間へ、③で作った花びらを差し込みます。花びらの付け根にたっぷりと木工用ボンドを付け、差し込むところがポイントです。木工用ボンドのため、やり直しが利きます。短時間で完成させたい場合は、ホットボンドをご使用ください。

❹花びらは、8枚の花びらを円状に2段、配列することで、立体感が生まれます。花びらの大きさや配列具合、松ぼっくりの大きさで雰囲気が変わります。

❺できた経木オーナメントは、クラフトワイ

リースベースにチキンネット（金網）を巻き、スギの葉を網目に差し込んでいく

アカマツの経木で花びらを作り、松ぼっくりに差し込むと花になる

リースを設置中

ヤーでリースベースに止め付けます。

地元の冬の風物詩に

岩手県の木が「ナンブアカマツ」ですので、岩手らしさをPRできたらと考え、花の中心にアカマツの松ぼっくりを置き、花びらもアカマツの経木で作りました。松ぼっくりは、湿気が多いと若干しぼみ、乾燥気味だと開く特性があり、変化も楽しめます。

「Wａのまちもりおか～絆の輪～プロジェクト」が7年目を迎え、今年は森のリース写真展を企画したいと考えています。皆さんの地域でも、このリースを参考に森のリース作りを行ってみませんか？　お気軽にご相談下さい。

＊まとめ　林業研究グループ盛岡市森林組合
青年部事務局　高橋久祐（所属は執筆時）

※詳しくは、プロジェクト事務局（ハートフルワークいわて）のFacebookページ（https://www.facebook.com/wanomachi）をご覧下さい。街中に展示される巨大リースの数々が掲載されています。

オニヘゴとオオタニワタリの鉢植え

●玉之浦町林業研究会［長崎県］

盗掘や環境変化で減少

五島列島の玉之浦町林業研究会では、オニヘゴ、オオタニワタリを「芽出し」して鉢植えで育てています。

オニヘゴの正式名称はヘゴ科の「ヘゴ」と言います。五島では成長すると数mにもなることから「鬼ヘゴ」と呼ばれています。

亜熱帯性の木生シダの一種で、五島列島（旧奈良尾町あたり）が自生の北限と言われています。

また、オオタニワタリは観葉植物としても有名で、各地で栽培されているシダの一種ですが、もともと男女群島の女島に自生していたものを船員の方が持ち帰り、五島で繁殖させていたのですが、現在は盗掘や生育環境の変化で少なくなってきています。

「芽出し」の方法

❶オニヘゴは6月頃、オオタニワタリは年間通して葉の裏にびっしりと胞子が付きます。
❷その胞子をビニールや和紙の上にはけ等で掻き落とします（切り取った葉をそっと置いておくだけでも半日程度で胞子が落ちます／94頁写真A）。
❸たっぷりと水を含んで表面をならした赤土の上に胞子を重ならないようにまきます（一昼夜程プランター全体にたっぷり水を吸わせておきます／94頁図A）。
❹水がたまらない、表面が乾燥しない程度に霧吹き等で水を与え続けます。
❺2～3週間で芽吹き始め（表面が緑色に見えます）、さらに1カ月程度経過すると芽が伸びてきます。
❻その後、芽が5～10㎝程度伸びたら、それぞれを個別に鉢植えします。

オニヘゴとオオタニワタリの寄せ植え

写真A　葉の裏の胞子を
ハケ等で落とします

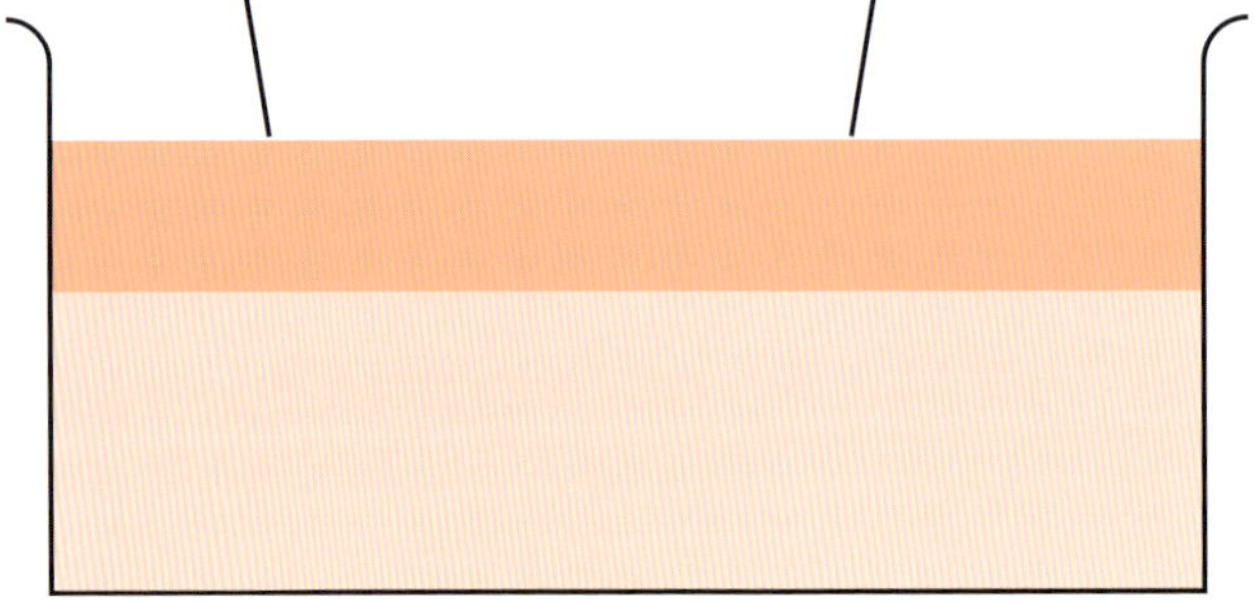

図A　芽出しプランターの構成。
上記のとおり構成したプランターに一昼夜程度水をはって、一度、自然に水抜きをしておき、表面に水たまりができない程度に水を含ませておく

❼鉢に入れる土は同重量の鹿沼土、赤玉、腐葉土を混ぜておきます。植え込んだ芽の周りには乾燥を防ぐために水苔を敷き詰めます。

❽乾燥と霜に気を付けて育てると10数年近く観葉できます。

大きくしたくないのであれば小さな鉢で、大きくするなら大きな鉢に移し替えるとよく、地植えすれば更に大きくなります。

樹高1m程度のオニヘゴと林床で葉を広げているオオタニワタリ

鉢植えで増やして山に戻す

これらの鉢植えの一部は、自生地へ戻しています。

会員の話によると、かつて通っていた小学校近辺には大きなオニヘゴが数多くあったそうです。それが、盗掘や湿地の減少等で激減し、今では一部地域で地域の人々に守られながらひっそりと生育している状況です。

芽出しや鉢植えは決して難しいものではありません。誰でも手軽につくることができます。育てて観葉するだけでなく、増やした一部をもともと育っていた山に戻すことで、育てる人々に環境保護を意識してもらうきっかけになれば、と玉之浦町林業研究会では願っています。

＊まとめ　五島振興局　林業普及指導員
黒岩康博（所属は執筆時）

オニヘゴ

玉之浦町林業研究会のメンバー

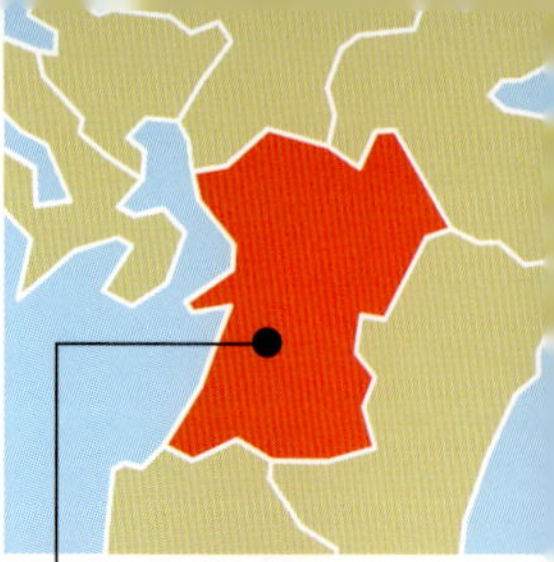

草木染め

●五家荘しゃくなげ会［熊本県］

森林の宝を活かして

五家荘しゃくなげ会は平成9年2月に設立し、グリーンツーリズム、地域産物を活用した郷土料理・加工品等の研究・販売のほか、地元の関係団体等と一緒にトレッキングルートの整備を行うなど、豊かな地域資源を生かした活動を行っています。これまでも会員の特技を生かし、こけ玉づくり、かずら細工などに取り組んできましたが、今回、身近にある草木を使って四季折々の自然の色を楽しめる草木染めを体験しましたのでご紹介します。

準備するもの

染め液の材料（身近にある草木で可。今回はクリの毬、月桂樹の葉、ウメノキゴケを使用）、布（今回は前処理（※）済みの綿ハンカチ50㎝×50㎝を使用）、鍋、ステンレス製のボウル、ガスコンロ、みょうばん、輪ゴム、菜箸

草木染めのハンカチが完成！
五家荘しゃくなげ会と菊池地区から参加した会員（前列中央は講師）

※前処理とは?
綿や麻などの植物性繊維はタンパク質が少なく染まりにくいので、大豆や専用の薬品等を用いて人工的にタンパク質を付着させて染まりやすくすること。

染めの手順

❶染め液作り（30分）／草木を採取し、きれいに洗い、なるべく小さく切って鍋に入れる。草木は量が多いほど濃く染まる（生の場合は布の重量の3倍ほど必要。乾燥したものは同量位あれば良い）。水の分量は、生の草木の場合はひたひたに、煮出しに時間がかかるものは3～5倍入れる。

❷模様入れ／布を好きなように折りたたみ、輪ゴムで縛る。縛った部分は色が付かないので、縛り方によっていろんな模様になる（写真A）。

❸水通し／布を水にしっかりと浸して、絞る（写真B）。

❹煮染め（1回目：15～30分）／たっぷりの染め液に布を入れ、菜箸で動かしながら煮る（写真C）。

❺水洗い／布を取り出し、水で洗う。

❻媒染（20分）／染まった色が変色するのを防ぐために、みょうばん液（割合：水1Lにみょうばん1～2g）に布を浸して、菜箸で

写真B　水通し。布をしっかりと水に浸す

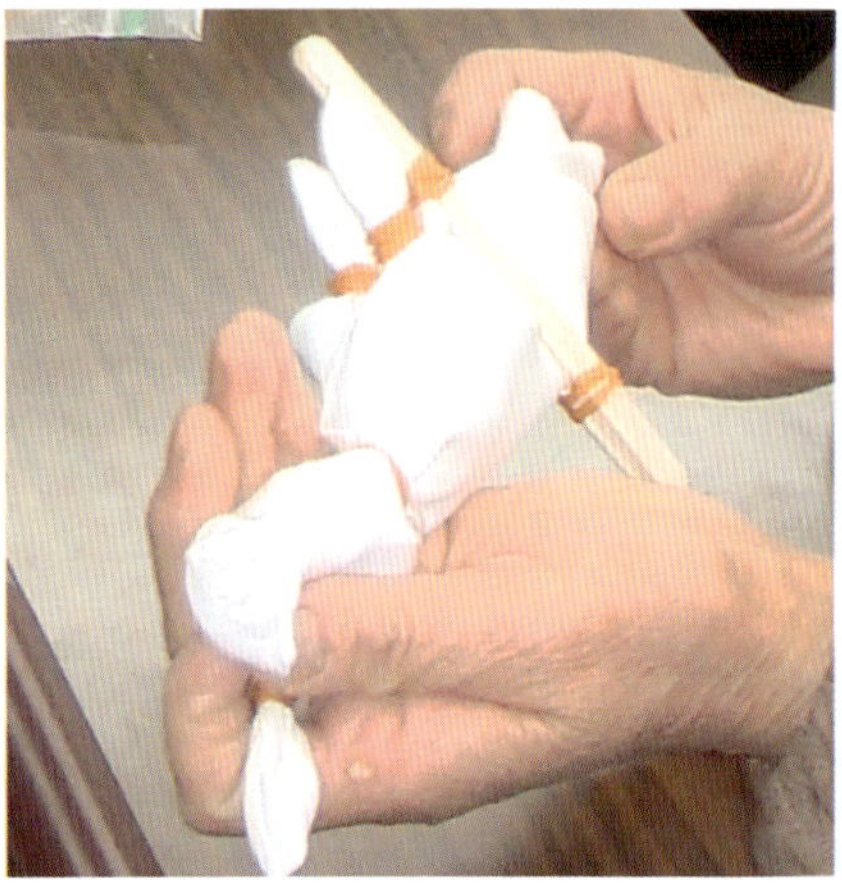

写真A　模様入れ。
好きなように輪ゴムで縛る。
どんな模様になるか楽しみ

写真C　煮染め（1回目）。
月桂樹の染め液で色を付けている

写真D　みょうばんを入れた液に浸して、色止め

動かしながら煮る（写真D）。
※みょうばん液の材料としては、灰汁・酢酸アルミニウム・木酢酸鉄なども使えます。
❼水洗い／⑤に同じ
❽煮染め（2回目：15分）／④に同じ（写真E）。
❾水洗い／輪ゴムを外し、水でよく洗う。
❿脱水・日陰干し／よく絞って、日陰で乾かしたら完成。

写真E　煮染め（２回目）。しっかりと染まるので、仕上がりがきれい

自然の色合いを楽しむ！ それが草木染めの魅力

　草木染めは、材料とする草木の種類や採集時期によって出てくる色が違うものもあります。また、思うような色に染まらないこともありますが、その時々の色合いを楽しめるのが草木染めの魅力ではないかと思います。染め上がったハンカチをパッと開いた瞬間は会員から大きな歓声が上がり、それからしばらくは「よか色に染まったね。めずらしか模様になったね」と、仕上がりを見せ合っていました。

　今回草木染めを体験して、身近にある草木や地域の自然に対しあらためて興味や関心を持つことができました。自然の恵みを〝色〟で楽しめる草木染め。みなさんも好みの色を見つけてみませんか？

染め液作り。
月桂樹の葉を煮出す

＊まとめ　林業研究指導所
企画指導部　草野静代（所属は執筆時）

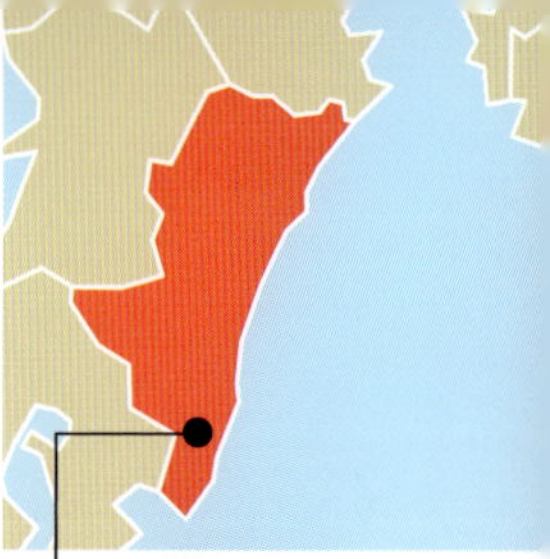

飫肥（おび）杉手すき和紙

日南地区林業研究グループ連絡協議会［宮崎県］

和紙づくり、試行錯誤

宮崎県南部の南那珂地域で活動する日南地区林業研究グループ連絡協議会は4団体で構成され、そのうちの1団体に日南市女性林研グループがあります。平成11年に発足し、今年結成18年目になります。現在の会員数は4名です。

これまでのグループ活動の中で「飫肥（おび）杉で紙が作れないか」という声が上がり、試行錯誤を重ね、「飫肥杉手すき和紙」を完成させました。

また、飫肥杉手すき和紙を使い、行灯（あんどん）や、郷土芸能をあしらったしおり、飫肥杉の皮の絞り汁を使って染めたバンダナなどを作っています。

今回は、飫肥杉手すき和紙作りについて紹介します。

飫肥杉手すき和紙の作り方

春先の水をたっぷり吸いあげた飫肥杉の間伐材を使います。作り方の順番は、次の通りです

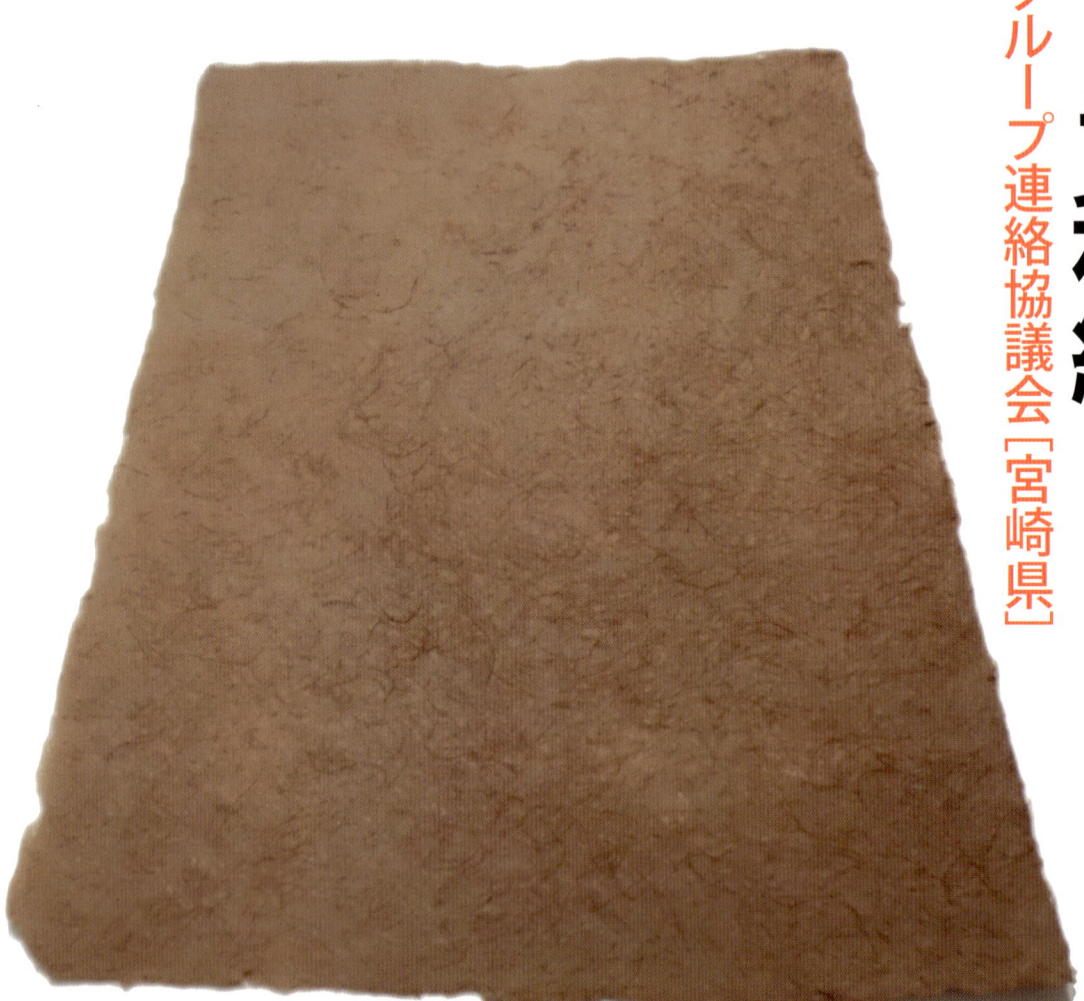

飫肥杉の樹皮で作った和紙

（写真❶～❻も参照）。

❶剥いだ樹皮を、しばらく水につけておく

❷樹皮の外皮と、その内側にあるピンク色の薄皮（周皮）を剥いで、内樹皮だけにする

❸②（内樹皮）を鍋に入れ、柔らかくなるまで煮る

❹③で煮た皮をミキサーにかけ細かくする

❺④で細かくした皮と水、糊を混ぜて、紙をすく

❻ベニヤ板に張り付け、乾いたら出来上がり

❶の水につけておく時間や、❸の煮る時間、❺の配合割合など、試行錯誤を重ねた結果の技であり、使用する飫肥杉の状態にも左右されるようです。

特に、❹のミキサーにかけ繊維をできるだけ細かくする事が、美しく均等な紙の仕上がりにつながるようです。

飫肥杉の魅力をPR

個人ではなかなか手軽には作れないかもしれませんが、何人かで協力してチャレンジしてみてはいかがでしょうか？

日南市女性林研グループでは、年に2回実施

飫肥杉の皮の絞り汁を使って染めたバンダナ

していた「森林ふれあい教室」でも紙すき体験を行い、飫肥杉の魅力をＰＲしてきました。これからも飫肥杉手すき和紙を通じて、自然の良さ、森林の大切さをたくさんの人たちに伝えていきたいと話しておられました。

＊まとめ　南那珂農林振興局　林務課
林政普及担当　副主幹　黒木泰代（所属は執筆時）

新聞紙でつくる鉢（世界で一つだけの鉢）

吉野おきな草の会［岡山県］

寄せ植え。山野草を寄せ植えしてみました

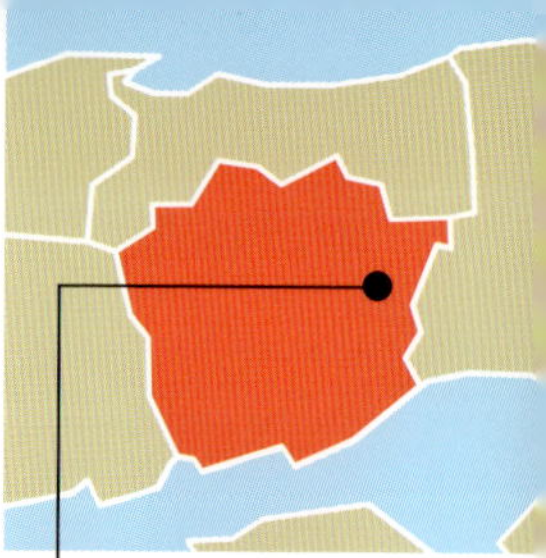

セメントと新聞紙で作る「魔法の鉢」をヒントに

吉野おきな草の会は岡山県北東部の美作市で活動する女性林研です。15名のメンバーは、山野草栽培や竹炭づくり、郷土料理の発信や機織りなど「おもしろい！」と思ったことは何でも実行しています。今回は「世界で一つだけの鉢」をご紹介します。

これは、メンバーが12年程前に、京都在住の大野月子氏が考案した「魔法の鉢」を知ったことをきっかけに、作成を始めたものです。この鉢はセメントと新聞紙で作る「魔法の鉢」の作り方に、おきな草の会が独自のアレンジを加えたものです。

鉢の作り方

小型の鉢、数個分の作り方を紹介します。

■材料

新聞紙2日分、セメント1・2kg＋α、竹炭、墨汁、水

■道具

ポリバケツ×1、タライ×1、ザル×1、大きめのビニール袋数枚、ゴム手袋

■作り方の手順

①新聞紙8枚をシュレッダーにかけてポリバケツに入れ、新聞紙が隠れるくらいの水を入れて1昼夜浸し（熱湯なら1時間でＯＫ！）、どろどろのペースト状になるまでかき混ぜ、素材を作る。

②ポリバケツから素材をザルですくって水を切り（絞ってはダメ！）タライへ移し、着色のための墨汁と表面の造形のための竹炭を適量加えてよく混ぜ合わせる。その後、セメント1・2kgを加え、均等に混ぜ合わせる（堅さは水とセメント量で調整）。

※ちなみに、竹炭は放置竹林対策のため、岡山県森林研究所が開発した移動式炭化炉「簡単スミヤケール」を用いて焼いています。

③粘土細工の要領で好みの形に成形する（型を

材料と道具。写真中央は竹の粉炭

用いる場合はビニールを被せてから貼り付ける）。
④このまま天日干しして完成！…　でも良いのですが、もう一工夫してみましょう（夏なら2日くらい、冬なら1週間くらいで乾燥する）。

もう一工夫

①乾燥前に外面に石などを押しあて、デコボコを作ることで自然石風に仕上がります。

②炭焼きの時に一緒に釜に入れて焼くと、竹炭が燃えて穴が開き、溶岩風に仕上がります。竹炭を入れずに表面に釉薬を塗って焼くと焼き物風に仕上がります。

竹の粉炭素材づくり。よく混ぜ合わせます

成形。作例はザルを型に用いています

成形後。底に水抜き穴と足を付けています

天日干しして完成

簡単スミヤケール（簡易炭窯）の中に入れて一緒に焼いてもＯＫ

「吉野おきな草の会」のメンバー

会ではメンバーが育てた山野草をこの鉢に寄せ植えし、販売ショップ「きんちゃい館」にて販売もしています。作り方の基本は「魔法の鉢」と同じなので、詳しくは書籍やインターネットをご覧下さい。アイデアと工夫であなただけの「世界で一つだけの鉢」を作ってみませんか！

＊まとめ　美作県民局　勝英地域森林課
林業普及指導員　阿部剛俊（所属は執筆時）

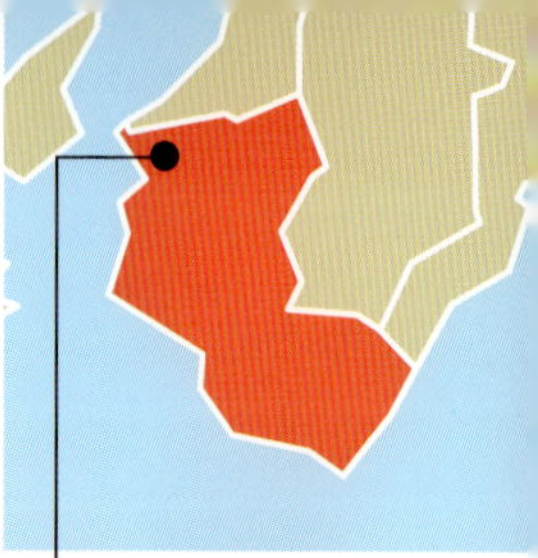

押し花マグネット

和歌山県林業研究グループ連絡協議会女性林研部会［和歌山県］

きれいな山野草や花を活用

森林や林業に関わって活動したい女性が集い、県下で唯一の女性グループである女性林研部会は、平成11年3月に設立されました。

女性林研部会では、ヒノキ間伐材の木片を利用した押し花マグネットづくりを平成15年度から始め、県下の4地域での拠点活動として、地域の産業まつり等で体験活動を行っています。今回は、その作り方を紹介します。

事前に押し花をつくる

押し花マグネットを作るには、押し花が必要です。花や葉の一番きれいな時に採取し、押し花を作っておきます。

押し花づくり専用の用具が販売されていますので、それを活用すると早く仕上がります。

押し花マグネットの作り方

【準備する物】

❶両面粘着シール（4×4㎝）

❷ヒノキのプレート（4×4㎝）
❸片面粘着透明フィルム（6×6㎝）
❹片面粘着マグネット
・事前に準備した押し花
・白い厚紙（4×4㎝）
・黒い紙（押し花の配置デザインを見やすいように）
・ピンセット（先の平たいもの）
・はさみ
※マグネットのサイズは作りたいサイズに変更できます。

【作り方の手順】


1黒い紙の上に白い厚紙を置き、その上で押し花の配置デザインを考えます。

2両面粘着シール❶の片面をヒノキのプレート❷に貼ります。

3両面粘着シール❶のもう一方の面をはがし、その上に、手順1で決めた配置の順に押し花を置きます。

4押し花の上から、片面粘着透明フィルム❸を貼ります。❸の中心が❷の中心となるように。

5中心から外に向かって、しっかり指をすべらせ、フィルムと押し花の間の空気を抜きます。

6はみ出しているフィルムと押し花のフィルムを裏へ折り返し、包み込むように貼ります。四隅は箱たたみにします。

7裏側にマグネット❹を貼り付けて、できあが

押し花の上から透明フィルムを貼る（4）

指で空気を押し出す（5）

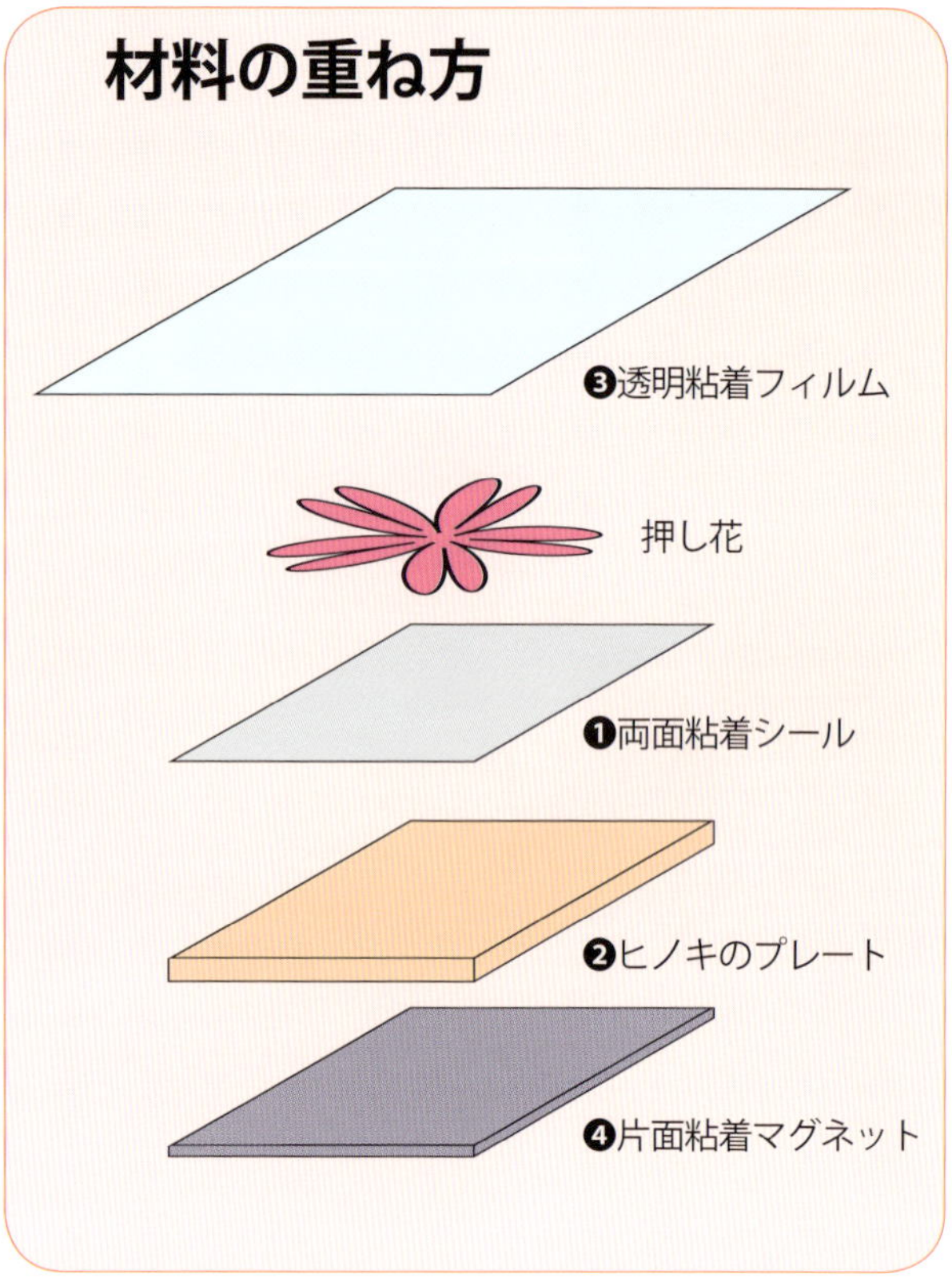

り。

※黒い紙の上で作業を行うようにしましょう。

産業まつり等での体験イベント

押し花マグネットが評判となり、平成23年度の第40回全国林業後継者大会及び第61回全国植樹祭の記念品として3600個の注文をいただき、会員総出で作成し、納品しました。

完成。メモ止めなどに便利

押し花マグネット作りは子どもたちにも人気

そのことがきっかけとなり、親子2代で取り組む会員もできてくるなど、県下各地で離れて活動していても、いつも輪（和）のある活動となってきています。

また、カンナくずを利用したクラフトを考案している会員などもおり、自分たちはもちろん、周りも楽しめる活動を展開してきています。

今後も、森林や林業を身近なところから感じてもらえるよう、みんなで仲良くがんばっていきます。

＊まとめ　和歌山県林業研究グループ連絡協議会
女性林研部会

女性林研部会のメンバー

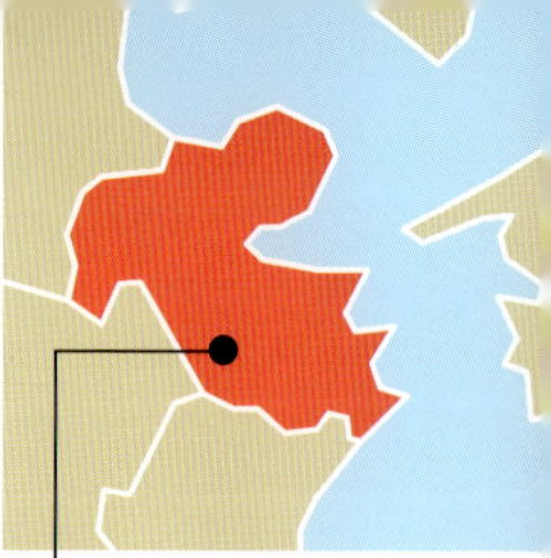

ミニ門松

竹田直入林研グループ連絡会［大分県］

年末恒例の「ミニ門松」づくり

竹田直入林研グループ連絡会は大分県の竹田市で活動する男性13名、女性7名からなる総勢20名のグループです。

当林研では、近年の竹林の荒廃を見て、自分たちで里山林を守ろうと思い、9年ほど前から地元の竹を利用した竹灯篭やミニ門松の製作・販売といった竹の利用に取り組んでいます。

今回は、竹田直入林研グループ連絡会、年末の恒例行事である「ミニ門松」づくりについて紹介します。

ミニ門松

「ミニ門松」づくりの手順

●準備するもの（一対分）

○竹／穂竹用（真竹、直径5㎝、長さ40㎝）×6
○竹／台座用（孟宗竹、直径15㎝、深さ10㎝）×2
○マツ／4枝
○南天（実のついたもの）
○梅／4枝
○砂
○杉ごけ
○オアシス（吸水性スポンジ）
○竹ひご／6本
○イグサ縄
○輪ゴム
○飾り扇／2個

●作り方（1基分）

①穂先作り
穂竹の片方の先端を斜めに切ります。切る角度はお好み（角度45～60度くらい）で良いですが、角度は全てそろえて切りましょう。鋸で切ると、毛羽立つのであらかじめ竹に紙テープを巻いてから切ると良いです。（写真A）

②仮組み
穂竹3本を束にして輪ゴムで仮止めして、中央の1本が高くなるように3本の配置を決めます。この時、節が重なり合わないよう配置します。配置ができたら、根元のはみ出た部分を切り落とします。

③縄巻き
仮組みした穂竹2カ所と台座に縄を巻き結びます。このとき、上から下へ3重、5重、7重（台座）の順で縄を巻き、結び目が前に来るよ

写真A　穂竹の先端を斜めに切る

写真B　３本の穂竹の配置を決め、縄を巻く

うにして男結びで結びます。（写真B、図A）

④固定

台座から竹が抜けたり、ずれるのを防ぐために、台座と穂竹に電気ドリルで穴をあけ、竹ひごを通して固定します。

台座に竹を固定した後、台座前方の空いたスペースにオアシスを敷き詰め、残りのスペースに砂を敷き詰めます。（写真C、図B、C）

⑤飾り付け

敷き詰めたオアシスに十分に水を含ませます。その後、南天、マツ、梅をオアシスに挿して飾り付けをし、砂の上に杉ごけを敷き詰めます。最後に飾り扇を穂竹に取り付けて完成です。

1時間で完成

門松作りは時間がかかり、難しいとお思いでしょうが、ミニ門松なら、手なれた方で一対1時間と、手軽につくることができます。

最初は思うようにつくれないかもしれませんが、完成した門松は風情があり、いつもと違う

図A　穂竹の組み方

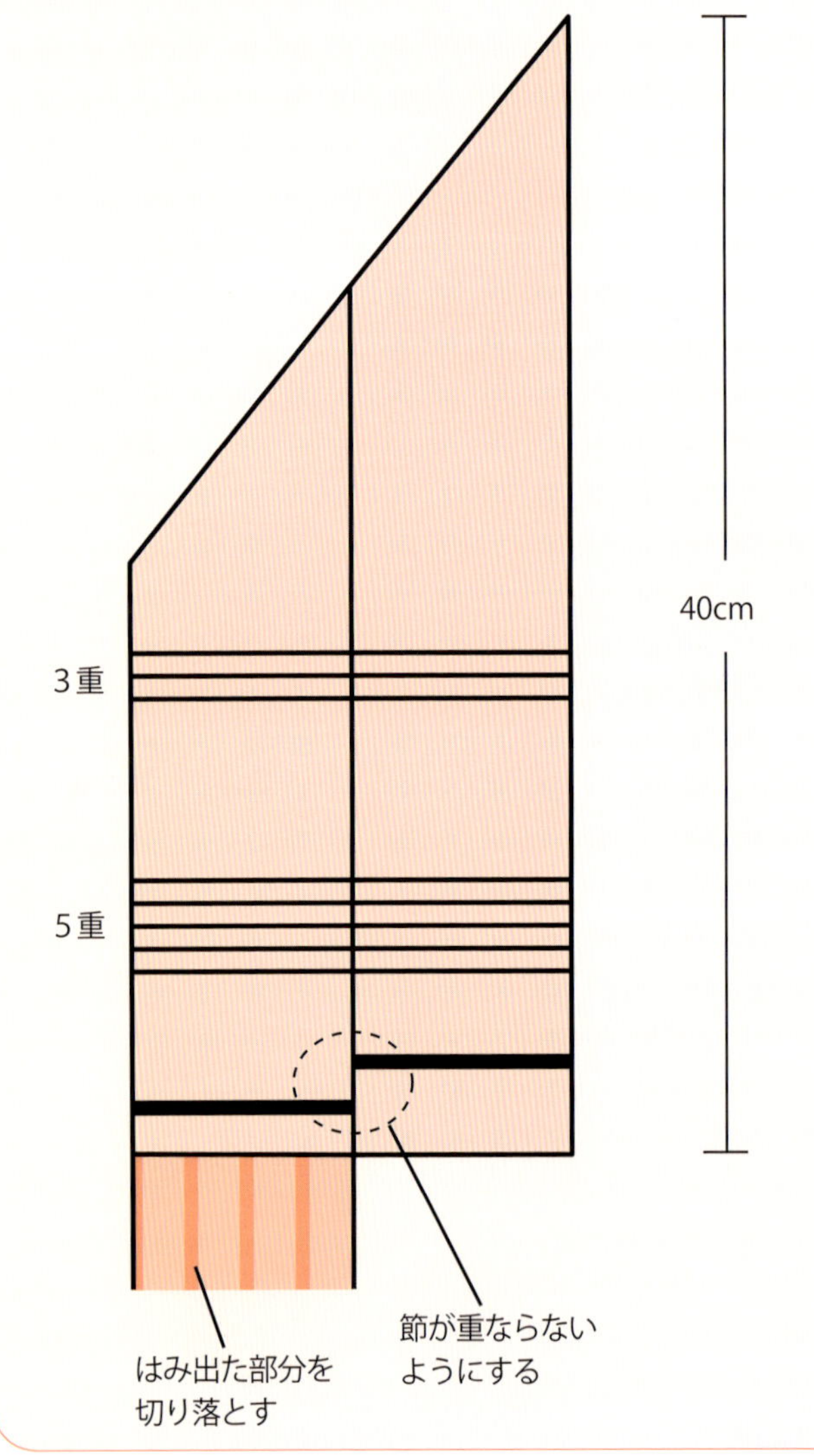

図C　台座を上から見た図

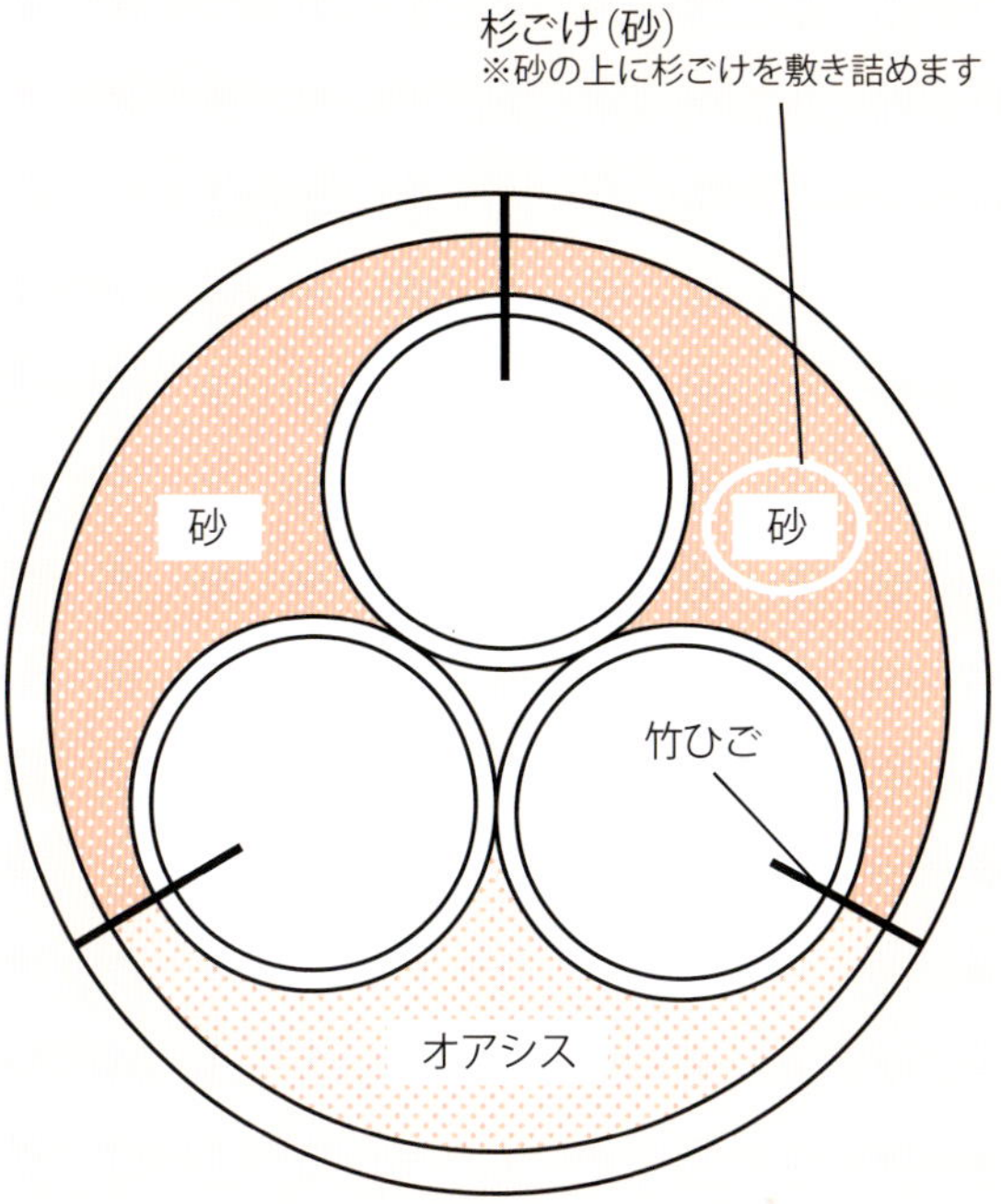

図B　台座と穂竹のセットの仕方

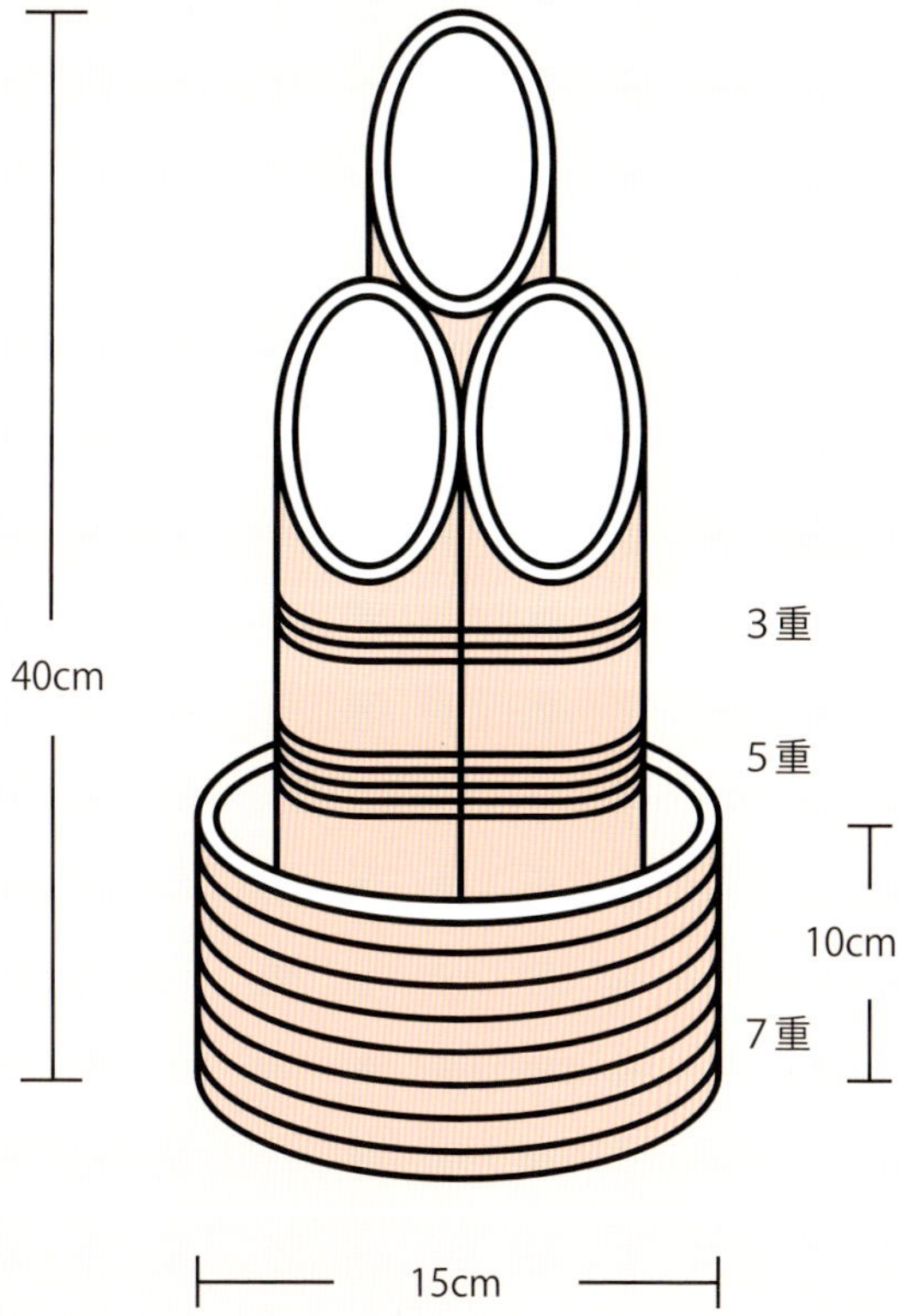

写真C　ドリルで穴をあけ竹ひごを打ち込む

正月を迎えることができると思います。皆さんもぜひミニ門松づくりにチャレンジし、ご自宅に飾ってみてはいかがでしょうか。

＊まとめ　豊肥振興局　林業・木材・椎茸班
技師　寄井田祥平（所属は執筆時）

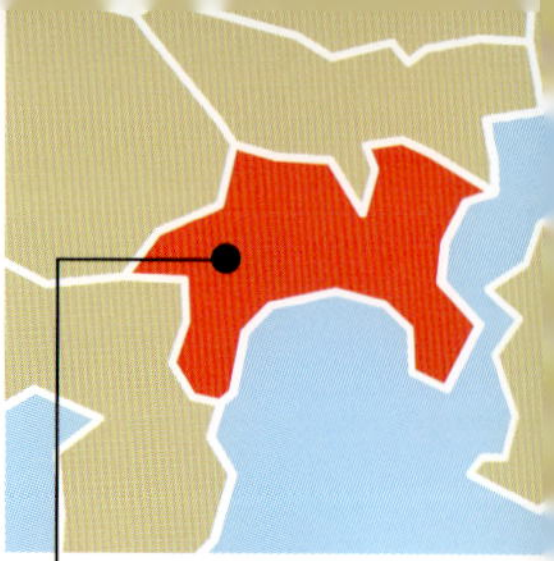

竹の壁掛け一輪挿し

湘南竹の会［神奈川県］

完成した一輪挿し

竹でものづくりの楽しさを

湘南竹の会（川瀬隆会長）は、平成22年7月に結成された、秦野市に事務所を置く会員数6名のグループです。会では地元産の竹を用いた観光土産品の開発及び製造販売をするほか、竹を使ったものづくりを通して一般市民及び子どもたちにその技術、技能を伝達することを目的としています。

地元のイベントなどでは「竹細工教室」を開催して、今回紹介する「竹の壁掛け一輪挿し」のような時間がかからず誰でも簡単に作れる作品を、子どもを中心に教えています。

作り方の手順（写真①～⑨参照）

◆材料（一輪挿し本体）

各寸法は、目安です。

・竹ヒゴ（竹かご用　長さ40㎝×幅5㎜×厚さ0・5～0・8㎜）8本

・竹筒（直径3㎝×高さ8㎝）1個

・シュロ縄（太さ1・5㎜×長さ40㎝）1本

・セロハンテープ　適宜

◆準備

竹ヒゴは、細工しやすいように水に漬けて柔らかくしておきます。

❶竹ヒゴ2本を半分に切ってそれぞれ丸め、セロハンテープで合わせ目を固定して、円周15㎝（直径約5㎝）の輪を4つ作ります。

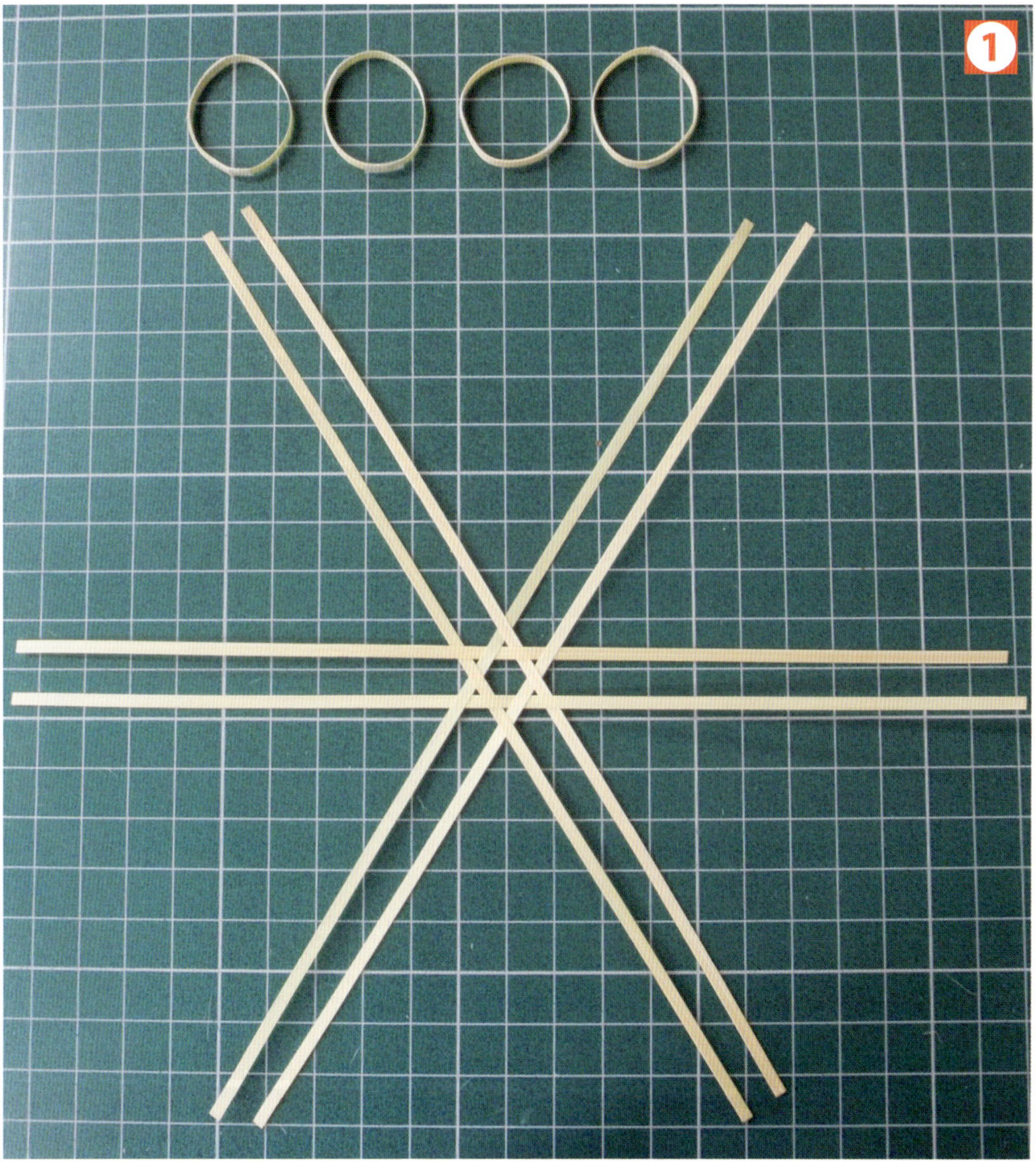

セロハンテープは、完成後に水でふやかしてカッターで取り除くこともできます。

❷竹ヒゴ6本を、机の上で中心が正六角形（六ツ目）になるように互い違いに組みます。ま

ず2本を×字に置き、そこに1本ずつ加えて組んでいくとよいでしょう。目はなるべく詰めるようにし、左右の長さは均等になるようにします。

❸外側に伸びている12本のうち、交差の下側になっている6本を上方向にまとめて束ねます。

❹束ねた上側から①の輪を1つ通し、目はなるべく詰めるようにして、平面から立体の筒状に形を整えていきます。

❺隣あって交差している2本ずつの竹ヒゴの、上下を入れ替えて固定されるように編みます。

❻中心から見て外側になっている6本をまとめて束ねます。

❼束ねた上側から①の輪の2つめを通し、目はなるべく詰めるようにして、筒状に整えてい

きます。

❽⑤～⑦を、あと2回と、⑤をもう1回繰り返します。

❾内側に竹筒を入れてから、開いている12本の竹ヒゴをシュロ縄でまとめて、壁掛け用に固く結んだら本体の完成です。

掛け具（長さ30㎝程度の細い竹の上部に穴を開けて壁掛け用のシュロ縄を結び、中程に一輪挿しを掛ける木製の小さな突起を付けたもの）もあわせて作成して、壁に掛けます。

◇

好評を博している竹細工教室の開催には、事前の入念な準備が欠かせないものですが、湘南竹の会会員の皆さんは「楽しい教室を目指してこれからも頑張ります」と力強く話しています。

＊まとめ　湘南地域県政総合センター農政部森林課　今野次郎（所属は執筆時）

湘南竹の会会員の皆さん

※湘南竹の会についてのお問い合わせは
「竹のかわせ」（秦野市並木町5-10　電話・FAX0463-88-0308）まで

竹スキー

富士町林業研究会［佐賀県］

「森を楽しみ隊」企画

富士町林業研究会（以下、研究会）は、毎年佐賀市で一般市民を対象に「林業体験バスツアー」を開催しています。参加者は、普段は林業とは馴染みの少ない親子で、山に入るのも初めてという方も多いため、林業体験だけでなく、森の自然をもっと手軽に実感してもらえるよう〝森を楽しみ隊〟企画として「物づくり体験」を行っています。

今回は、物づくり体験の中でも子どもたちを夢中にさせた竹スキーの作り方を紹介します。

準備するもの

・モウソウチク
・ノコギリ
・ナタ
・紐（布製の太さ7～8㎜程度がおすすめ）
・電動ドリル
・竹を炙ることができるもの（バーベキューセット等がおすすめ）

竹スキーの作り方

❶竹に乗る人の身長と同じくらいの長さに、竹をノコギリで切断（写真1）。

❷竹を縦方向にナタで割り、竹板を作ります（竹板の外側部分が地面と接し、内側部分に人が乗ります）。

❸竹板の断面のささくれや角をナタやナイフで削ってなめらかにします（次頁写真2）。

❹竹板の内側の節は、乗る人が足を乗せる位置にあるものは低く残し、それ以外はナタできれいに取ります。足を乗せる位置だけ節を残す理由は、竹板に乗る人の足を固定させるためです。

❺竹板の外側の節は、滑りをよくするために削り、先端部は丸くとがらせます。

写真１　乗る人の身長と同じ長さに切断

写真２　面取りをしていく

写真３　竹の表側に油がにじんでくるまで炙る

❻丸くとがらせた先端部に、電動ドリルを使って紐を通す穴を空けます。

❼先端から約25㎝の範囲は、内側をナタで削り竹の厚さを薄くします。

❽その薄くした部分を、火で炙り柔らかくます（皮の方に竹の油がにじむくらいまで炙って下さい）。その後、内側に向かって軽く曲げます（写真３）。

❾最後に、紐の両端をそれぞれ竹板の先端の穴に通し、手綱をつくります。

乗りこなした時の
達成感が爽快

富士町林業研究会の
皆さん

簡単アレンジ

竹板の曲げる位置を変えて手綱いらずの一風変わった竹スキーを作ってみたり、木製のトロ箱を取り付けた竹ソリにしてみたり、簡単にアレンジできるのも魅力の一つです。

生きた自然体験

参加者からは、「竹スキーは、バランスを取るのが難しく乗りこなすまでに何度もころんでしまいますが、乗れた時の達成感がたまりません」「これまでの物づくり体験の中で一番楽しかった」などの嬉しい声が届いています。

研究会は、未来を担う子どもたちに、自然環境の中で様々なことを体験させながら、生きる力を育んでもらいたいと考えています。

このため、研究会だけでなく地域のＮＰＯと連携しながら、森林・林業を活用し「楽しい体験プログラム」の考案を続けています。今後も、進化を続ける〝森を楽しみ隊〟企画から目が離せません。

＊まとめ　佐賀中部農林事務所
林務課　近藤真奈美（所属は執筆時）

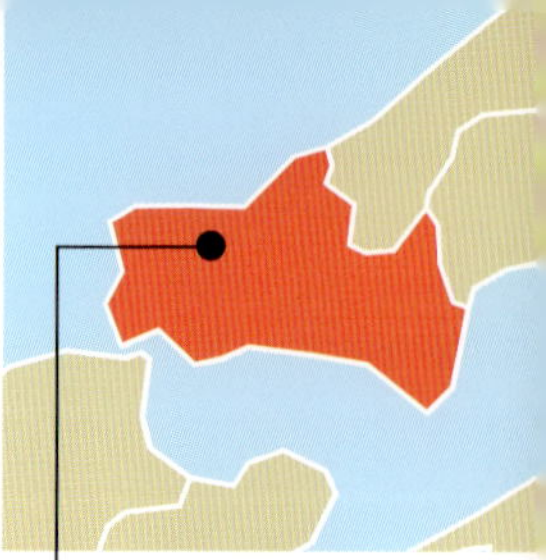

竹炭ペンダント

●長門市どんぐり［山口県］

繁茂した竹に付加価値を

長門市どんぐり（池藤清子会長）は、平成10年に山口県が実施した「林業教室」の受講生を母体に、平成11年4月に結成された女性林業研究グループです。現在の会員数は6名。長門市俵山地区で、旧学校校舎に作られた「どんぐり工房」を活動拠点に、竹炭づくりとその竹炭を利用した商品づくりに取り組んでいます。

今回は、長門市どんぐりの体験メニューとなっている竹炭ペンダントづくりについて紹介します。

準備するもの

- 竹炭
- 目の細かいノコギリ
- 耐水サンドペーパー（180番、中600番）
- 仕上げ用サンドペーパー（4000番）
- ドライバドリル（電動ドリル）
- 紐（綿・皮など）

竹炭のペンダント

・タオル
・タライ、水

作り方

❶形作り

白の色鉛筆などで竹炭に形を描き、ノコギリで大まかに型取ります。さらにコンクリートブロックなどでこすり、ある程度形を整えたら、ドライバードリルなどで紐を通す穴を開けます。

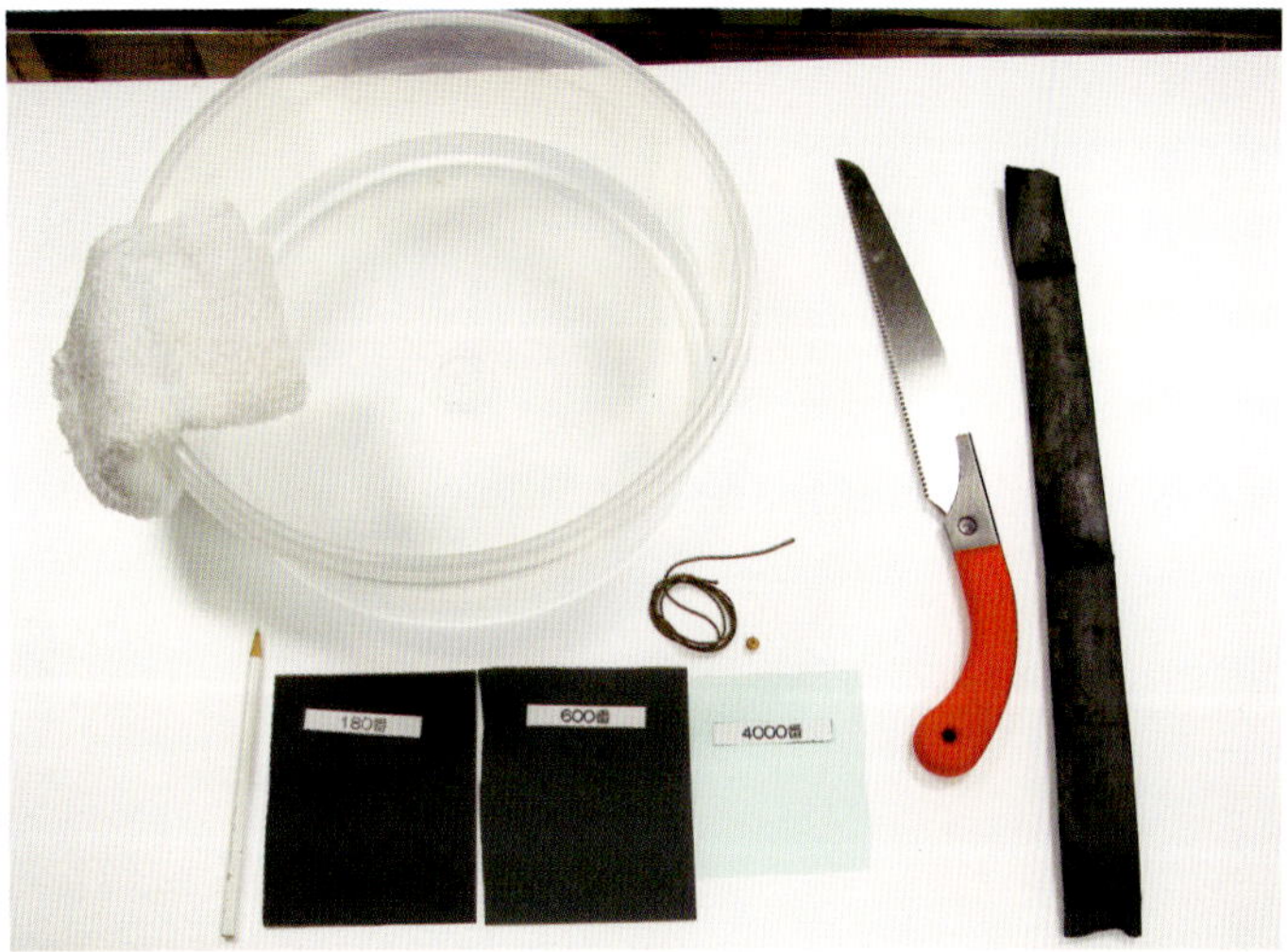

準備するもの

その後、水を張ったタライで、竹炭と耐水サンドペーパー（180番）を濡らし、手のひらの丸みを利用して形を整えます。

❷整形

まず、①と同じ耐水サンドペーパー（180番）を使い、竹炭の面取りをします。耐水サンドペーパーは頻繁に濡らしながら使用します。

次に、竹炭の裏面を同じ耐水サンドペーパーで滑らかにします。表面も同じ耐水サンドペーパーで、強く10回程度磨きます。このとき、磨きすぎに注意が必要です。

❸表面の研磨

耐水サンドペーパー（中600番）を使用し、竹炭全体をよく磨きます。竹炭を水で洗い、表面を注意深く見ると、磨けている部分と磨けていない部分で微妙な色の違いがあるので、それを確認しながら磨きます。この作業がきれいなペンダントをつくるポイントです。

全体に磨きをかけたら、タオルで水分を拭き取り、よく乾かします。

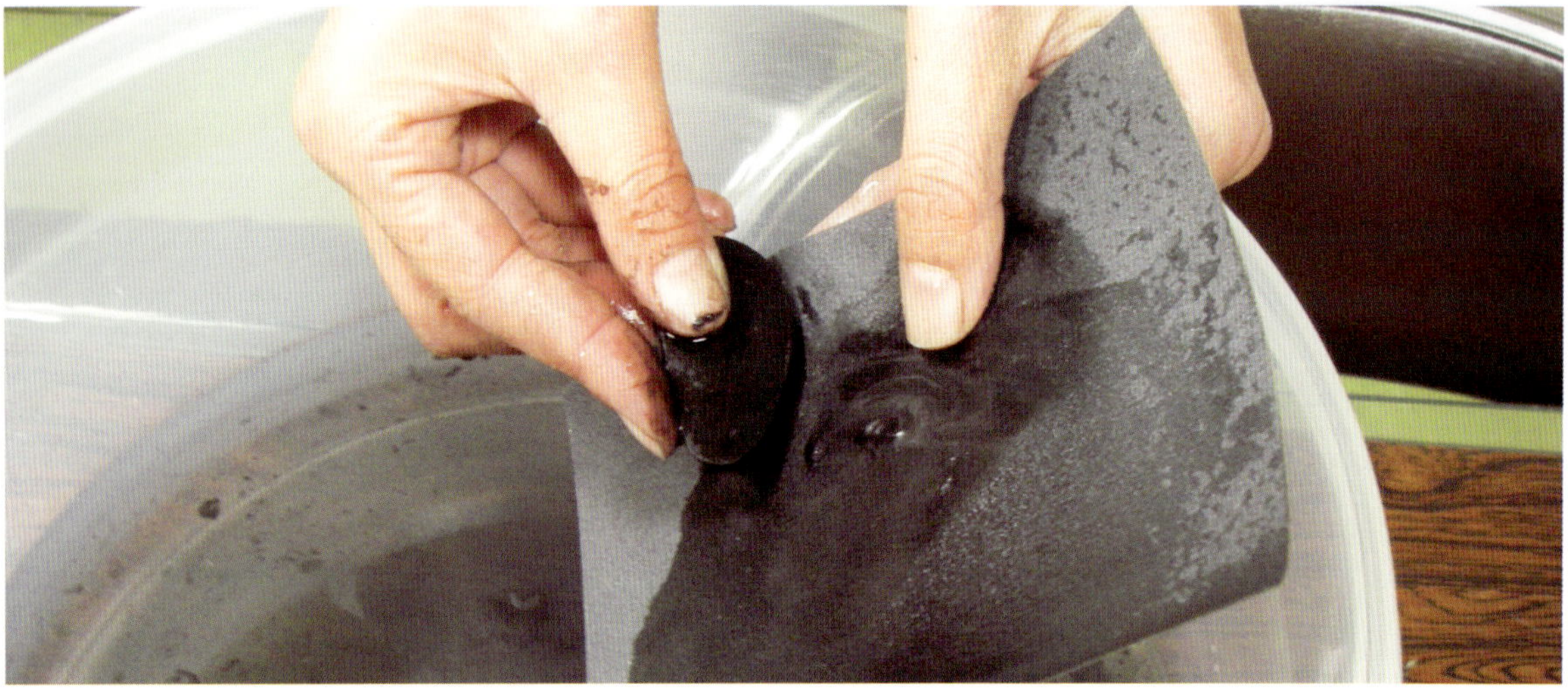

サンドペーパーで形づくり

磨き前（左）と磨き後（右）のツヤの違い

❹仕上げ

仕上げ用のサンドペーパー（４０００番）で、竹炭全体にツヤが出るまで磨きます。

最初に開けた穴に紐と飾り玉を通し、お好みでシールを貼ったり、アクリル絵の具で絵を描くと、世界にひとつだけの「竹炭ペンダント」の完成です。

紐を通して完成

長門市どんぐりの皆さん

楽しみながら竹林対策

長門市どんぐりは、地域の小中学校を対象とした森林体験学習に取り組んでいます。物づくりを通じて子どもたちへ「森林の大切さ」「林業の必要性」の理解促進を図るために活動しています。また、様々なイベントに参加し、竹炭を利用した商品を通じて竹の魅力を伝えています。

皆さんも、繁茂竹林対策の一つとして、楽しみながら新たな竹の魅力を発見してみませんか？

＊まとめ　下関農林事務所　森林部
森林づくり推進課　松葉　梓（所属は執筆時）

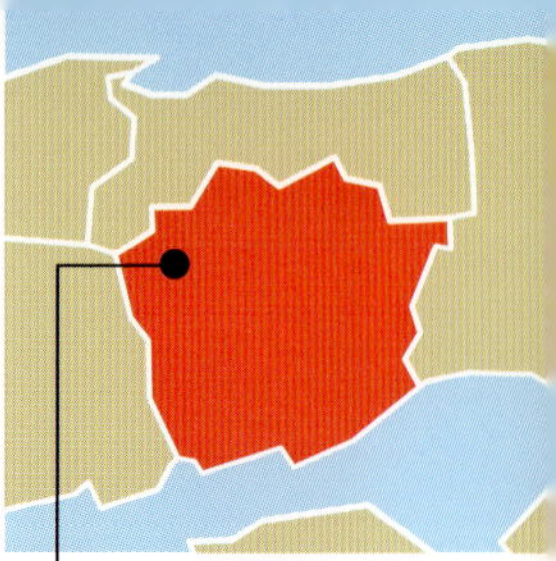

竹のランタン

新見市新林業経営者クラブ［岡山県］

柔らかい光が灯る竹のランタン

小学校に出向き木工教室

新見市新林業経営者クラブは、昭和51年に設立され、現在は会員数25名で林業後継者の育成・確保、会員相互の親睦、林業経営や生産技術の研鑽等を通じて地域林業の振興を図ることを目的に活動を続けています。この活動の一環として、市内の小学校に出向き、森林・林業の重要性の講義や間伐体験の指導等を行う森林・林業体験教室を実施しています。

この教室では、子どもたちが「自然の素材」に触れるきっかけとなるよう木工体験も取り入れていますが、今回は身近にある「竹」を活用した「竹ランタン」の作成に取り組みました。インターネットで紹介されていた情報を参考にしたものですが、児童各自のオリジナリティにあふれた作品ができあがりました。

竹のランタンの作り方

【用意するもの】

・青竹（中に光源が入る大きさの直径）
・光源（電池式のLED照明、上から押すと光るタイプ。ホームセンターで販売しています）
・のこぎり（竹用）
・電動ドリル（穴開け用。大きさの異なる先端

（刃）が数種類あるとよい）
・下書き用の油性マジック

【作り方】

❶青竹を底になる節を残してのこぎりで切断する
❷青竹に穴を開ける部分を油性マジックでマーキングする
❸ドリルで穴を開ける
❹LED照明を入れて、できあがり

【ポイント】

・ドリルで穴を開けるときに、木工用スペードビット、ボアビットなどの大きな穴開け用の先端（刃）を使用すると、表面がきれいに仕上がります。
・穴の数は、ランタンの正面部分に多めに、裏面部分に少なくした方が、光の反射がきれいに見えます。
・LED照明のスイッチをオン・オフするための穴を裏面下部に開けておくと便利です。
・LED照明の光が直線的であるため、色紙を貼ると光が柔らかくなると同時に、様々な色を楽しむことができます。

❶節が底になるよう切断する

❷油性マジックで穴を開ける場所を下書きする

❸穴開け専用のドリルがあると便利

新見市新林業経営者クラブの皆さん

みんなで作ると さらに楽しい

今回「竹ランタン」に初めて取り組みましたが、意外と簡単にできたところが子どもたちに好評であったため、クラブのメンバーは、また体験活動に取り入れたいと考えています。特別な道具がいらず、身近にある竹を利用できるので、手軽に取り組めます。

なにかと問題視されることが多くなっている竹ですが、少し手を加えることで、お店には売っていない自分だけのインテリアに変身させることができます。

みなさんも、子どもを対象にしたイベントなどで作ってみてはいかがでしょうか。

＊まとめ　備中県民局新見地域森林課
林業普及指導員　黒瀬勝雄（所属は執筆時）

LED照明に色紙を貼ると雰囲気が変わる

シールやペンで竹炭に飾り付ける

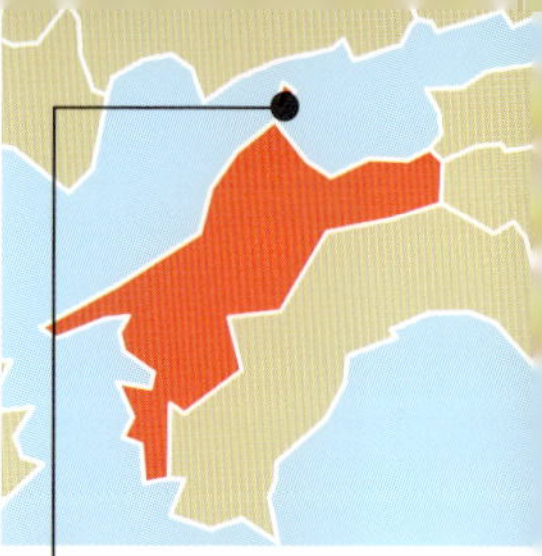

竹炭ペンダント

伯方町女性林業研究グループ［愛媛県］

竹の利用で竹林整備を

今治市伯方町では過疎化、高齢化により森林荒廃が進んでおり、放置竹林が大きな問題となっています。

今回ご紹介するのは、地元伯方町の竹を用いた「竹炭ペンダント」です。竹炭には、消臭、調湿、水の浄化など様々な効果が知られていますが、新たな竹炭の利用法はないかということで、ペンダントを作成しました。

竹をうまく利用することが竹林の整備につながるという環境教育も含めて、小学生を対象に実施しました。

竹炭ペンダントの作り方

○準備するもの

・竹炭
・糸ノコ、鋸
・ドリル、きり
・カラーペン
・シール
・ビーズ、紐
・耐水サンドペーパー（320番、600番）
・仕上げ用サンドペーパー

○手順

❶糸ノコまたは鋸を使い、適当な大きさに竹炭を切ります。形に特に決まりはないので、自分の好きな形・大きさに切ります。だいたいの目安は直径5㎝位です。

❷竹炭の端の方に、ドリルまたはきりで、紐を通す穴をあけます。

❸ザラザラで目の荒い耐水サンドペーパー（3

❶竹を好きなサイズに糸ノコまたは鋸でカットしていく

❸切った竹を水で濡らしながらサンドペーパーで磨いていく

❹色の変化を見ながら、さらにサンドペーパーでこする

20番）を用い、竹炭を水で濡らしながら角を削り、なめらかにします。

❹次に、竹炭を水で洗い表面の状態をよく見ながら、耐水サンドペーパー（320番）で表面・裏面を強く10回程度こすります。こすれた部分とこすれていない部分で色が異なるため、微妙な色の違いを見分けながら全体の色をそろえます。

❺次に中目の耐水サンドペーパー（600番）で表面をよく磨き、竹炭の水分をよくぬぐいます。そして、仕上げ用のペーパーで全体が滑らかになるまで磨き上げます。

❻カラーペンで竹炭の表面に絵を描いたり、あらかじめ購入しておいたシールを張り付けたりして飾り付けします。

❼竹炭の穴に紐を通してネックレスのようにして、紐にビーズを通してできあがりです。

製作のポイント

きれいに仕上げるためには磨く作業が一番ポイントになります。手順④は特に重要な作業になるので、こするたびに竹炭を水につけ、色の変化を見ながら作業を進めます。最後の仕上げでは、磨けば磨くほど表面がきれいになるので、辛抱強く磨くことがきれいに仕上げるためのポイントになります。

竹炭に穴をあける際には、ドリルよりもきり

炭焼き体験で作った竹炭でペンダントを作ることで、環境教育につなげている

を使った方がきれいに仕上がります。特に、小学生などの小さい子どもは、きりの方が扱いやすいようです。

最後に、カラーペンやシール、ビーズ等を使って好きなように飾り付けます。同じ竹炭ペンダントでも、作る人によって多様な作品に仕上がります。

子どもに大人気

伯方町女性林業研究グループでは、これまで小学生等を対象に炭焼き体験や竹林整備、木工教室など様々な活動を行ってきました。このペンダントづくりに使った炭も、子どもたちが炭焼き体験で焼いた炭です。これらのイベントは、地元の小学生とその保護者等を対象に行っていますが、参加者の皆さんは熱心に取り組んでいて、子どもたちには大人気です。

竹を利用することが放置竹林整備につながるということを実感してもらうこともでき、環境教育という面でも子どもたちには良い経験となっているのではないかと思います。また、このような活動を通して参加者同士の親睦を深めることもでき、地元の方々の貴重な交流の場にもなっています。

＊まとめ　東予地方局今治支局
森林林業課　技師　岩村公暁（所属は執筆時）

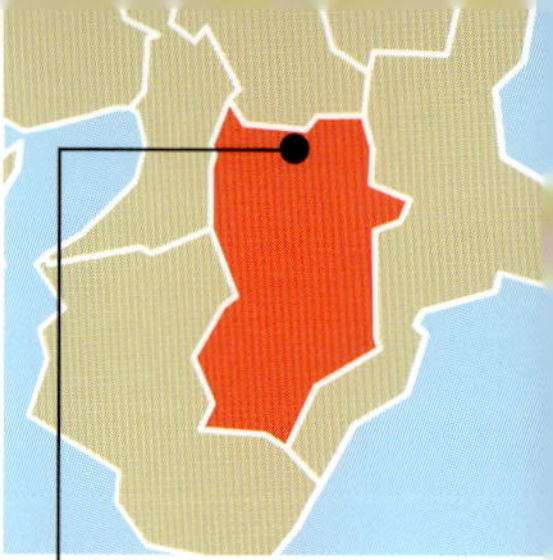

竹玩具「ジージーゼミ」

NPO法人 森づくり奈良クラブ［奈良県］

イベントや出前講座で大人気の竹玩具

ＮＰＯ法人森づくり奈良クラブは、人と人・人と自然との豊かな関係づくりを目指して活動しています。

奈良県では夏休み期間を「山と森林の月間」として、市町村や森林組合、ボランティア団体などが各種イベントを開催しています。森づくり奈良クラブも、７月と８月に「森林作業体験とクラフト」を奈良県立矢田自然公園内で実施しています。また、奈良市地球温暖化対策地域協議会に加盟し、そこの環境出前講座で「森林体験学習・木工クラフト」を行っています。

クラフト体験で好評な「ジージーゼミ」を紹介します。振り回すとジージーと音がする子どもに大人気の竹で作る玩具です。

材料と道具

【材料】

棒を持って振り回すと「ジージー」と鳴る

○竹筒／外径3～3・5㎝、長さ3～4㎝
○和紙（障子紙）／約5×5㎝
○包装紙など／約5×5㎝
○動眼／大2個
○リリアン糸／長さ30㎝、1本
○竹棒（竹の割箸）／約15㎝
○松やに
※事前に竹棒の端に径5㎜くらいの丸棒やすりで溝を入れ、松やにの粉末と木工ボンドを半量ずつ混ぜたものを塗って乾燥させておきます（野球などで使うロジンスプレーでも可）。

【使う道具など】
鉛筆、はさみ、きり、木工ボンド

ジージーゼミ作り方の手順

❶和紙の上に竹筒を置いて、竹筒の縁を鉛筆でなぞり円を描きます。
❷この円より一回り大きな円になるように外側をはさみで切ります。
❸切り取った和紙を四つ折りにし、中心にきりで穴をあけます。
❹③に8カ所程度、外側から鉛筆で描いた円まではさみで切れ込みを入れます。
❺④にリリアン糸を、円を描いていない方から通します。リリアン糸が抜けないよう結び目を作り、その上に②の残った切れ端を貼って補強します。

材料と道具。
和紙、包装紙、
動眼、リリアン糸を
プラスチックケースに
入れておくと便利

❻竹筒の切り口と切り口近くの側面に木工ボンドを塗ります。
❼⑤の和紙をリリアン糸が伸びている方を下にして置き、鉛筆で描いた円に合わせて⑥をのせ、竹筒に和紙を貼り付けます。
❽包装紙を二つ折りにして、セミの羽の形にはさみで切り、広げて竹筒に貼ります。
❾動眼を目の位置に貼り付けます。
❿リリアン糸の端に輪を作ります。
⓫木工ボンドが乾いたら、松やにのついた竹棒の溝に⑩をかけ、しごいて滑らかにしてから回します（松やにを付けるのがポイント）。
※次頁の「作り方の手順」も参考に。

作り方の手順（左上から右に向かって）

【回し方のコツ・注意点】

・竹棒の先を上げて回します。
・腕を振らずに手首で回します。
・竹棒から外れやすいので、周囲に人がいないことを確認します。

竹筒の太さや長さで音が変わり、クマゼミそっくりのものや、ヒキガエルのような音が出ます。竹の有効利用にも役立ちますので、ぜひみなさんも作ってみませんか。

＊まとめ　ＮＰＯ法人森づくり奈良クラブ
日月英昭

子どもたちに大人気のクラフト体験

NPO 法人森づくり奈良クラブのみなさん

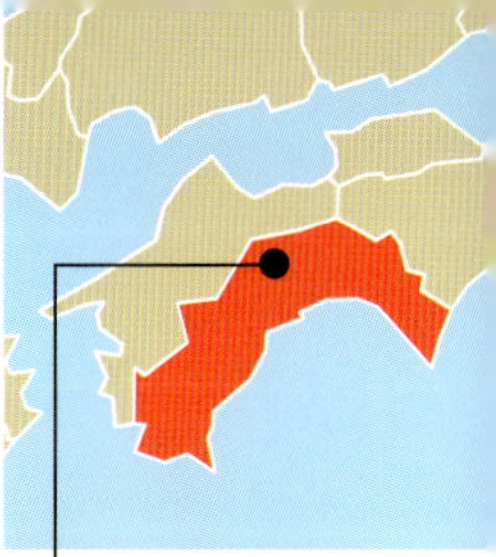

竹プランター・スコップ・ナイフ・スプーン

●福留将史さん［高知県］

簡単な竹の活用術

身近なところで竹を利用するアイデアについて、福留将史さん（高知県）によるプランターの作り方をご紹介します。

【使う道具】

・ノコギリ（プラスチックや塩ビの配管材を切るための細目のタイプ）
・両刃のナタ
・ドリル（9㎜）

【作り方】 ※作り方の図は次頁

○はじめに／竹の節間を利用するプランターとなります。仕上がり寸法（横幅）をイメージしながら、必要な長さに竹を切ります。

❶図**1**プランターの底になる部分を作ります。末口の方を上にして置き、上端にナタの刃を当て、峰（背中の部分）を木でたたいて、図の灰色の部分を割ります。

❷割れると、図**2**のように平らな面となり、置いた際に安定します。

❸図**3**土を入れる部分の両端に、ノコギリで切り込みを入れます（図の実線部分。左右の切り終わりの高さを揃えて）。

❹点線部分にナタの刃先を当てて峰を木の棒でたたくと、きれいに割れて上側が取れます。

❺ナイフやヤスリなどで毛羽立ちを取り、底に水抜き用

竹のプランター
自然素材のため、花も映える
（写真の竹はバーナーで焼いています。こうすることで割れを少なくします）

竹プランターの作り方

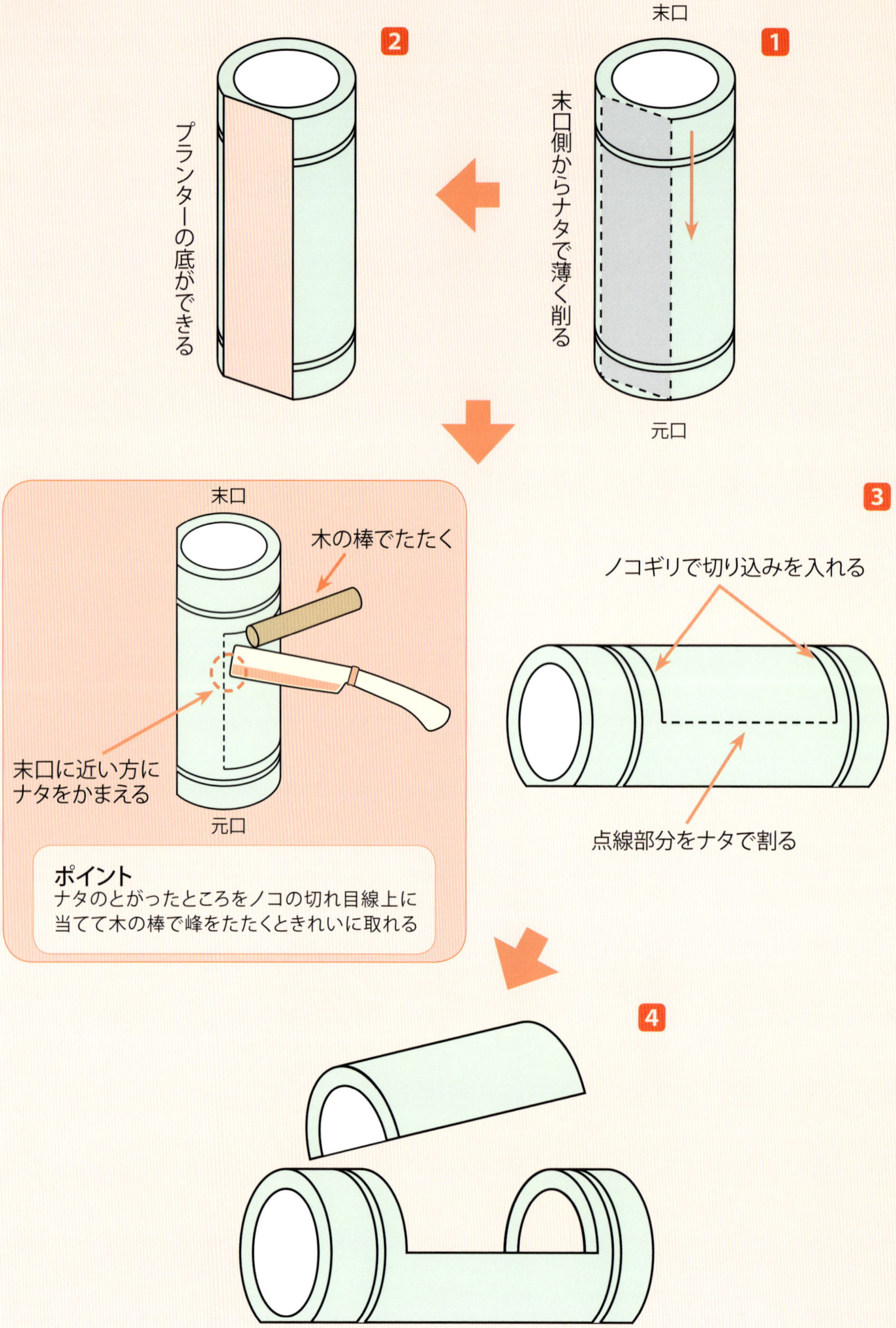

1
末口
末口側からナタで薄く削る
元口
2
プランターの底ができる
末口
木の棒でたたく
末口に近い方にナタをかまえる
元口
ポイント
ナタのとがったところをノコの切れ目線上に当てて木の棒で峰をたたくときれいに取れる
3
ノコギリで切り込みを入れる
点線部分をナタで割る
4

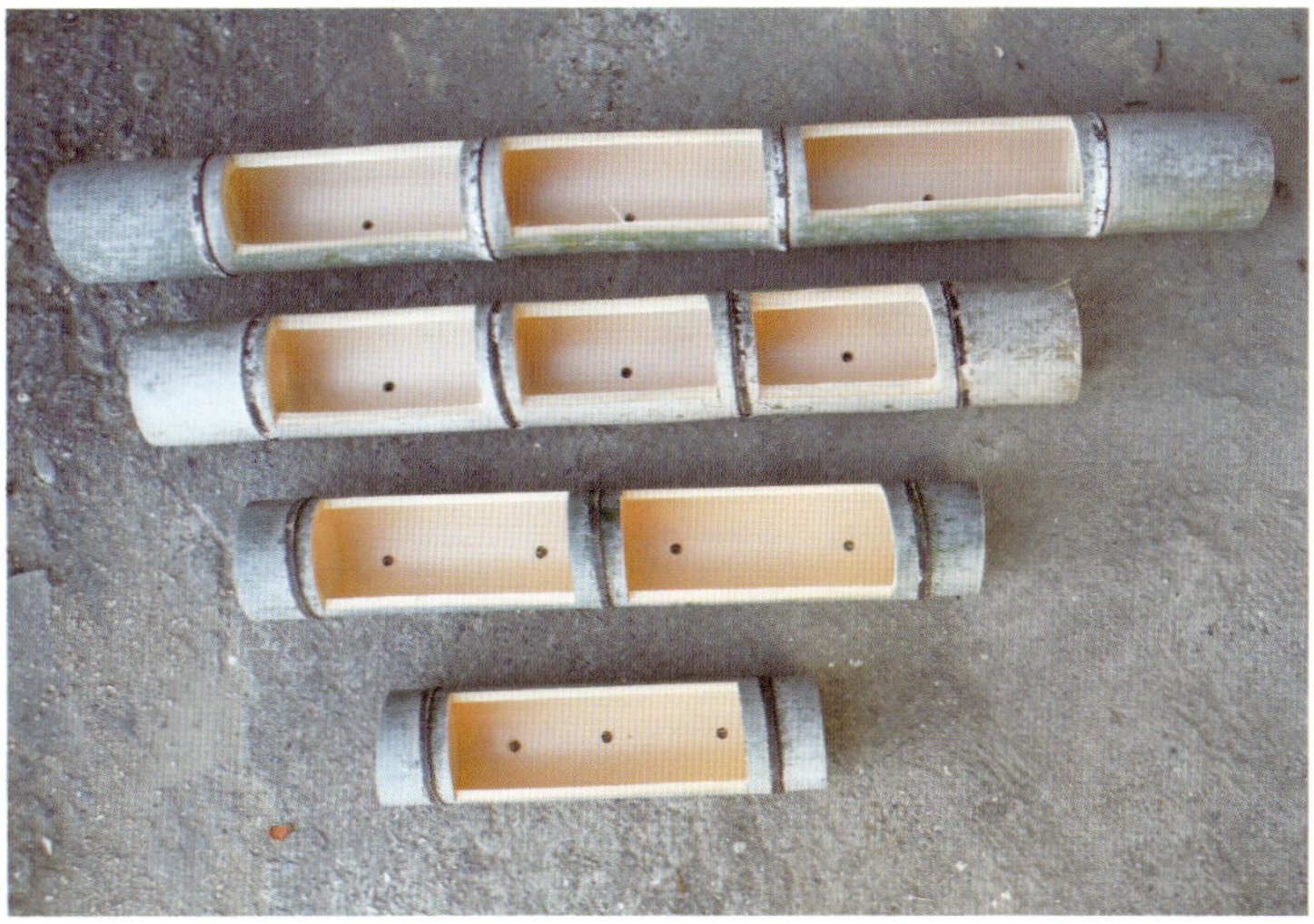
底に穴を開けて完成

の穴をドリルで開ければ、できあがり。内側から開けるときれいに仕上がります。

また、プランターを作る際に出る端材（図❹）は、おしぼりトレーや皿として使えますし、次頁の写真のようにスコップやナイフに加工すると子どもたちにも人気が出るそうです（スコップやナイフの作り方も次頁に併せて紹介しています）。

半割にした竹を組んでベンチに

身近な物に竹を活用しよう

福留さんの竹活用術は他にもあり、その一例を写真で掲載しました。どれも身近な物ばかりで、複雑な加工も必要ありません。「竹は加工しやすい素材で、捨てるところがない」と福留さん。日頃は厄介者扱いされる竹でも、アイデア次第で身の回りに活用できます。ぜひ木工体験などのプログラムに取り上げてみませんか。

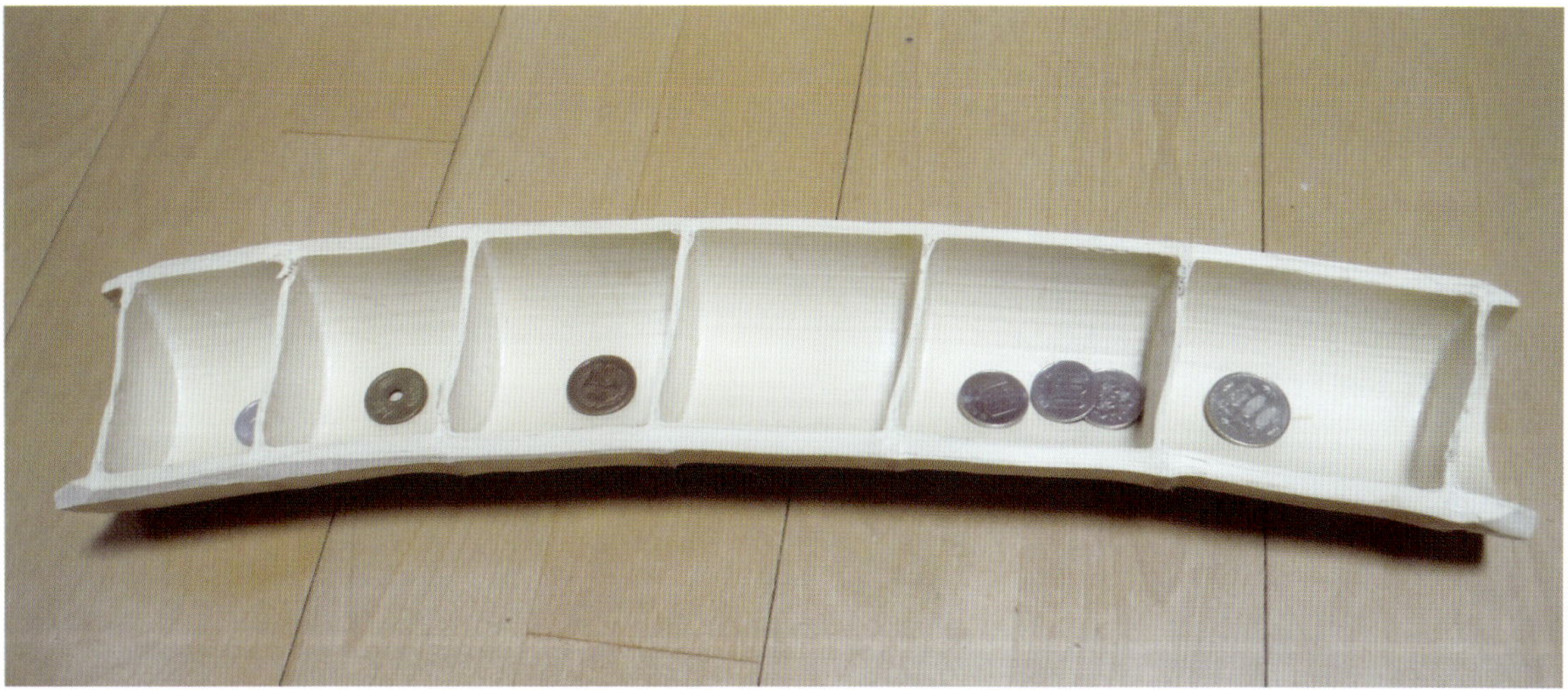
節間の短い竹を半割にし、コイン入れに

シンプルかつ機能的な竹スコップ

作り方はそれぞれ次のとおり。使う道具は、ナタとノコギリとナイフです。ナタとノコギリで大まかに形を整えて、ナイフで仕上げの整形や面取りをします。

主なポイントは、

- ●竹は末口から割る
- ●4年生以上のものを選ぶ（高齢の方が材質が硬い）
- ●油抜きする（火であぶり竹の油を抜くと、長持ちする）
- ●節も利用する。スコップの首部（柄の根元）付近に節がくるように木取りする（土止めになって、すくった土がこぼれない）

マグカップ。輪切りした竹を取っ手に

子どもも使いやすく 幼稚園で活用中

切れ味鋭い竹ナイフ

小夏（みかんの一種）の皮をむいたり、リンゴやナシのような堅いものやトマトなどもきれいに切り分けることができます。「竹ナイフで切った小夏は、普通のナイフと違って鉄分が付かないから、ひと味違いますね！」と、福留さん。安全で子どもでも使えます。

福留さんが作った竹ナイフ

主なポイントは、

●基本的には枯れた竹を使う（強度が高いため。竹は15年生くらいで枯れる）

●竹ナイフの刃の断面（竹は表皮が最も硬い）図1

●刃先が繊維方向と平行になるようにかたどる（平行でないと刃こぼれしやすくなるため）

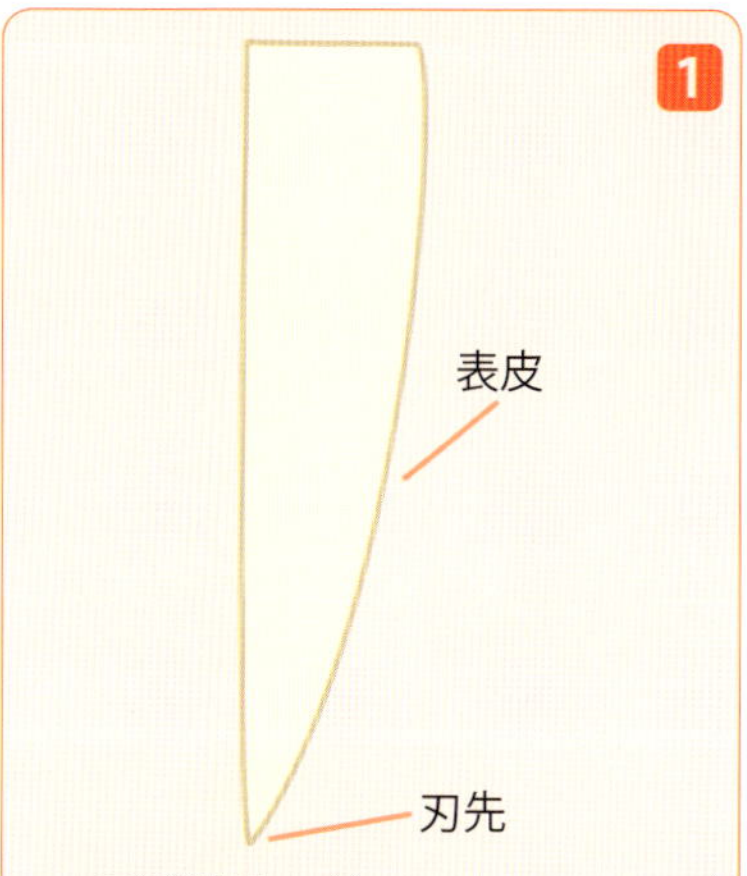

刃の断面。
硬い表皮部分を刃とするため、片刃の形をつくります

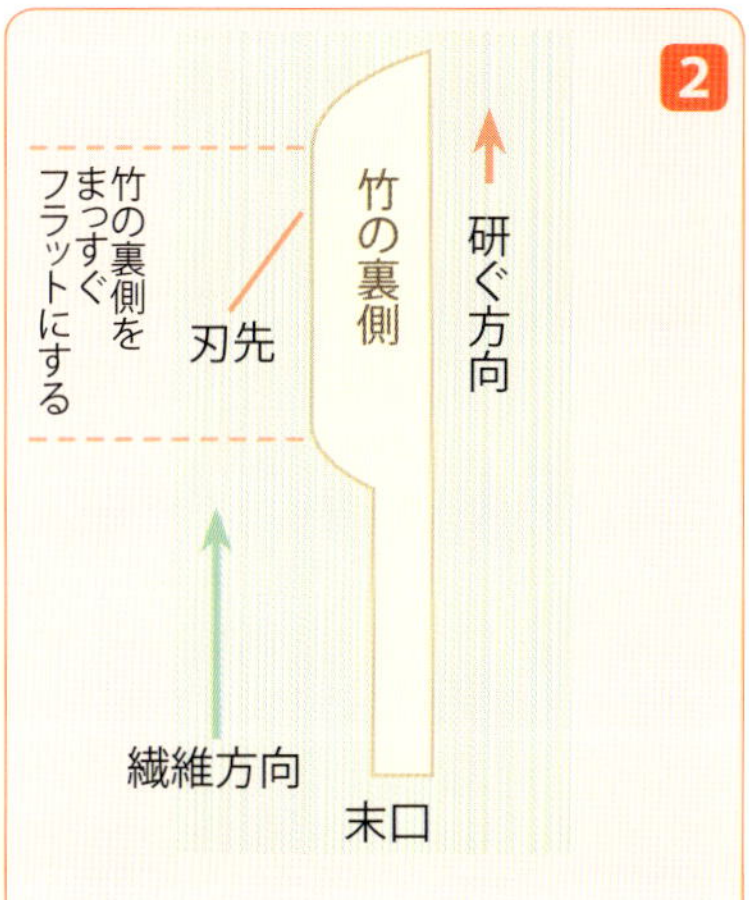

刃先が繊維方向と平行になるようにかたどります

図2

●刃先になる竹の裏側は切れ味を良くするため、割ったビンの断面で研ぐ。ビンは繊維方向に動かす

●竹を割る（加工する）際は、末口から元口に向かって刃物を入れる

●刃の厚さや角度などの形状は、一般的な刃物と同じ

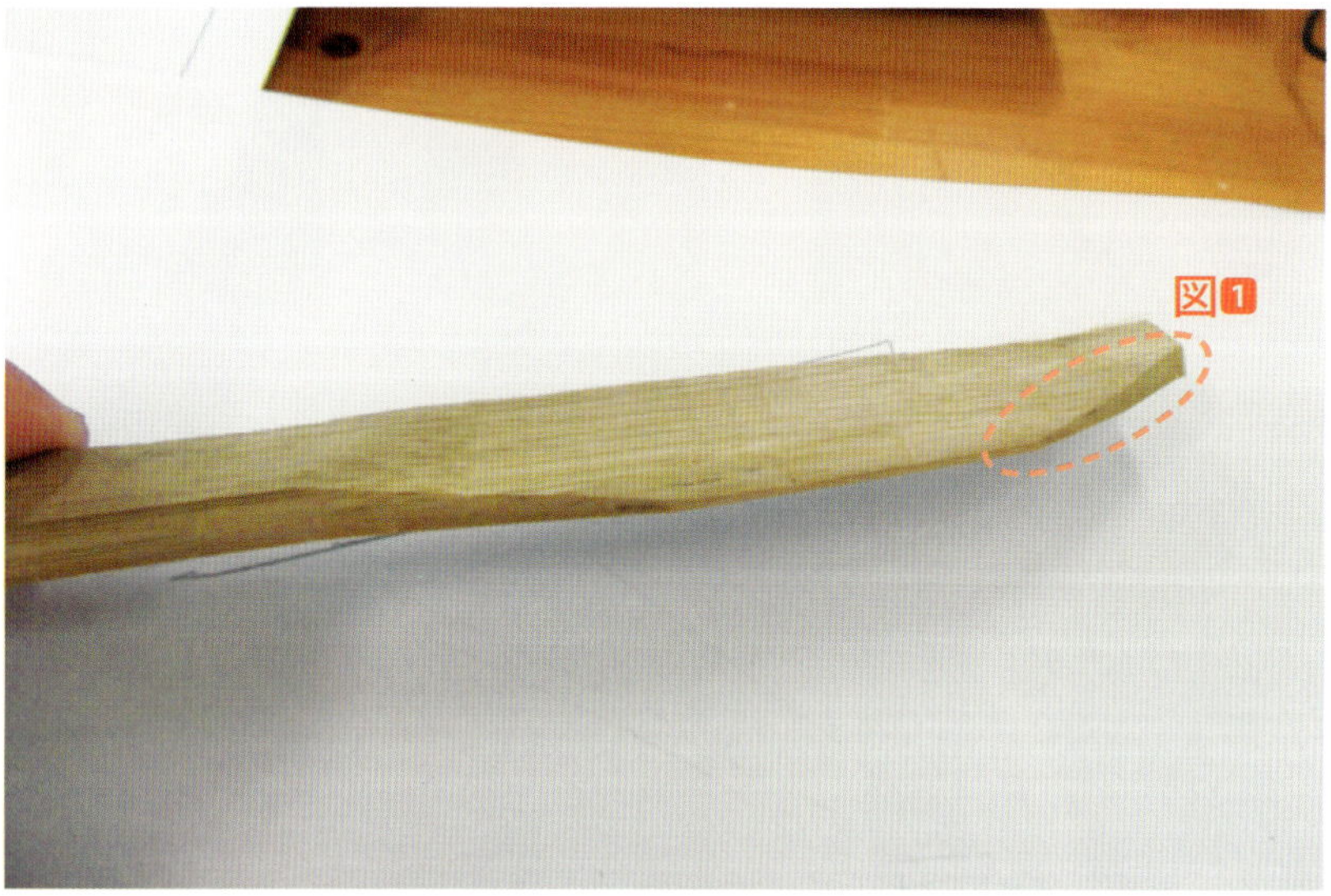

木の枝で作る木のスプーン

【使う道具】

・型用のスプーン
・色鉛筆
・ノコギリ
・小刀
・両刃ナタ
・彫刻刀
・すくいノミ

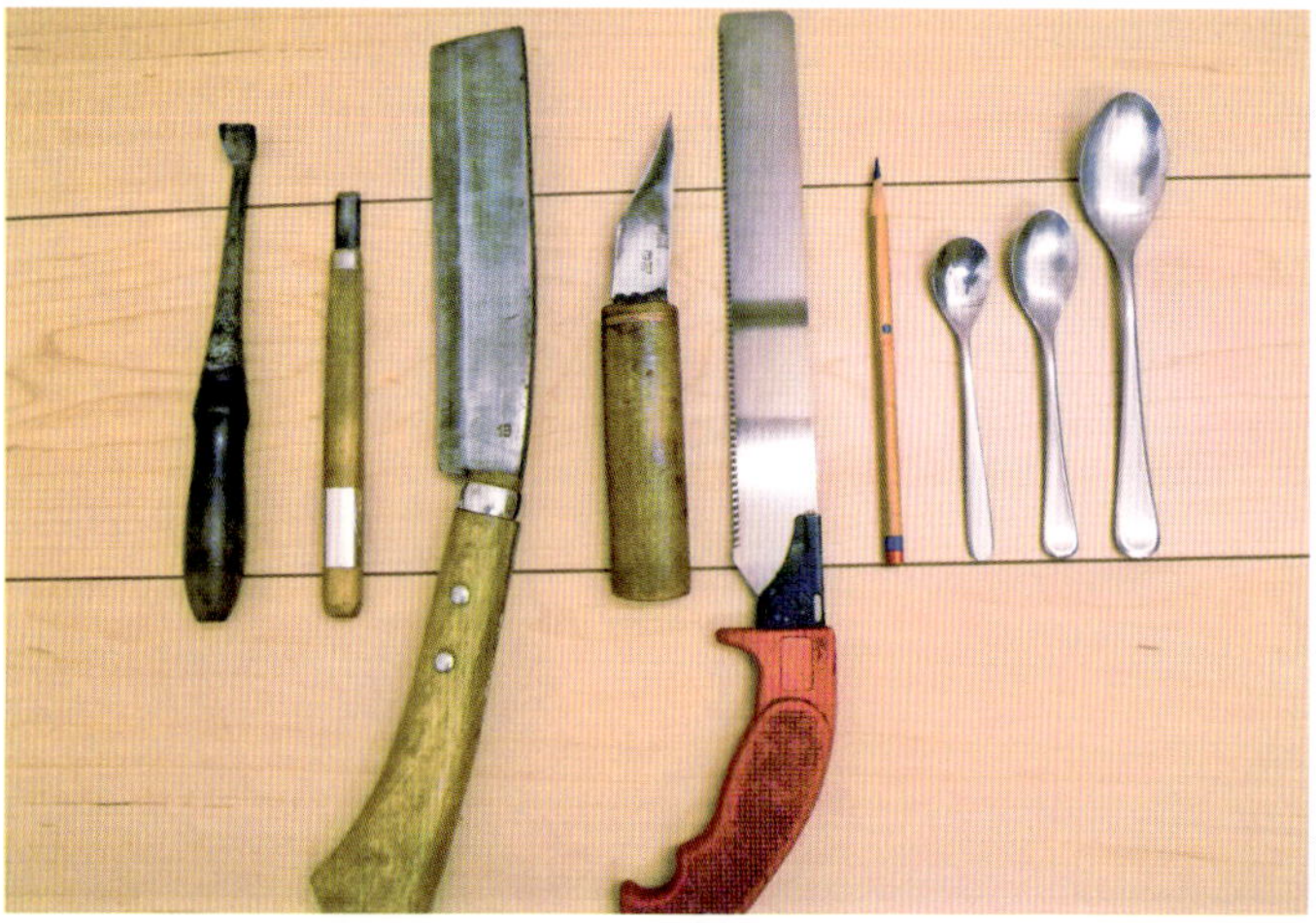

使う道具。右から型用のスプーン、色鉛筆、ノコギリ、小刀、両刃ナタ、彫刻刀、すくいノミ

福留さんにスプーン作りの手順を伺いました

スプーンが取れる太さの枝なら何でもいい。これはツバキ

元側からナタで半割りにする

スプーンの首部にノコで切り込みを入れる

切り込みに向けて、くびれ部分を削り出す

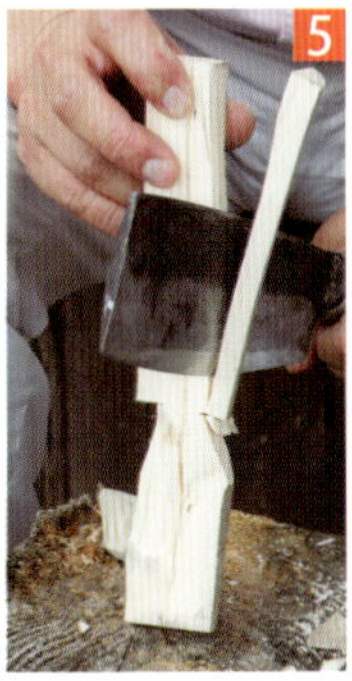

同様に柄部も細くしていく

スプーン裏側は傾斜を付けて削る

色鉛筆で大まかな型を取る

型の大きさに合わせて、枝両端を伐り落とす

柄を徐々に細く、薄くしていく

スプーンの凹みは彫刻刀やノミで削る

仕上げの成形や面取りは小刀で

紙ヤスリでこすり、水研ぎをし、仕上げはムクノキの葉で磨く

クルミ油（実をすり込んでもいい）で仕上げ

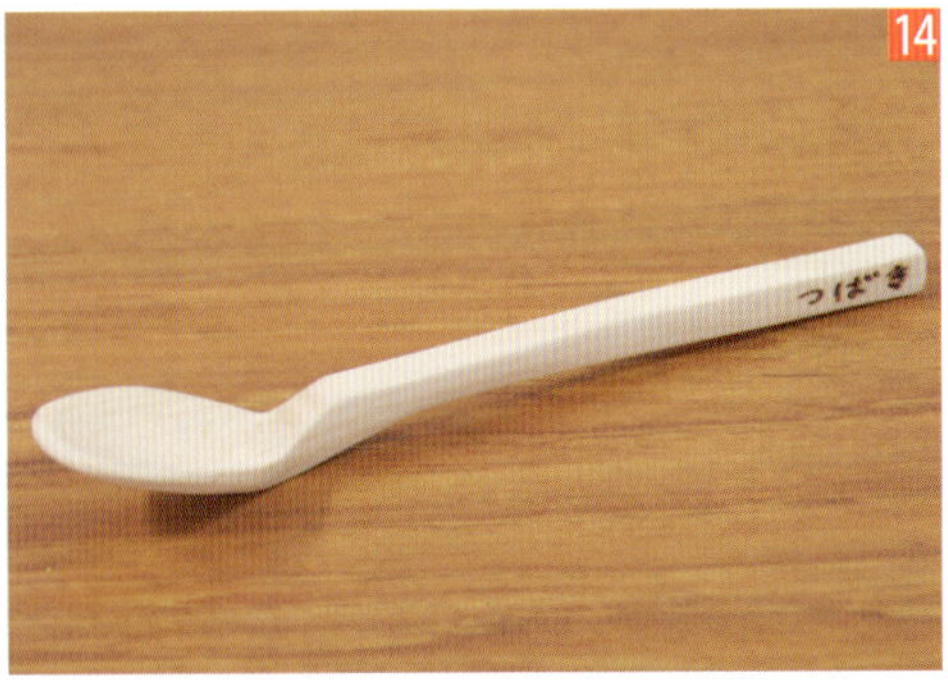

木のスプーンが完成。福留さんは電熱ペンで樹種名を書き込んでいる。反対側には使う人の名前などを入れるのも楽しい

「自分の山の木を、何とか利用したいですよね。工夫次第でどんな木でも使えて、山が身近になるはずです」。そう話す福留将史さんは、自山の材料を使った木製品作りの趣味が高じて、小学生への木工体験などに講師として呼ばれることがしばしば。木のスプーンも、自山や近隣から調達した450樹種で5000本作り、〝福留コレクション〞の様相です。

木のスプーンの魅力は、子どもからお年寄りまで使える日用品で、製作も簡単なこと。自山の木でスプーンを作って、肌に触れる木の温もりとともに、使うほどに味わいが増す木肌の色を楽しんでみませんか。

木のスプーンの材料は、スプーンが取れる太ささえあれば、「雑木でもスギやヒノキでも」、何でも構いません。ここでは福留さんの裏山から切ってきたツバキを使って、スプーン作りの実演をお願いしました。

作り方は前頁の写真でご覧いただくとして、ポイントは、

木のスプーンは本にもなった。
県内の木 369 種類、ジャバラ折りで広げた長さは10m

●木を割る（割って木取りすると繊維が切れず、丈夫になる）
●節を外して作る（節があると、きれいに割れない）
●長めに作る（短いと加工しにくい。長いと〝お得感〞もある）
●スプーンのすくう所は薄く仕上げる。薄く仕上げれば割れない（厚さを薄くすれば収縮の差が生まれないので、「割れようがない」）

できれば、事前に伐採し、葉付きのまま自然乾燥すればよいとのことです。

木とつき合う知恵

「昔の人は木とのつき合い方を熟知していましたが、現在は忘れられつつありますね」。福留さんが木のスプーン作りを通じて終始訴えているのは、木や山を生かす知恵や技術です。伐採はつちの日を避けて。木は元から、竹は末から割る。木を割れば繊維が切れず丈夫に。木は水の中で乾燥させる。そもそも木はなぜ割れるのか……。スプーン作りを通じて、「ぜひ木を生かす知恵にも思いを馳せてほしいですね」と福留さんは話しています。

＊まとめ　編集部

竹炭

特定非営利活動法人 青梅林業研究グループ［東京都］

焼き上がった竹炭

森林ボランティアにも好評

特定非営利活動法人青梅林業研究グループ（以下、青梅林研）は、東京都の西部に位置する青梅市を拠点に活動する林研グループです。平成7年の発足後、平成16年にNPO法人化し、現在は森林の保育・保全に関する調査研究、森林環境教育、林業に関する普及啓発などに取り組んでいます。

今回は、青梅市からの受託事業である森林ボランティア育成講座の中から、参加者にも好評を得ている竹炭づくりをご紹介します。

煙の色で燃焼状況を判断

【使う道具】

・ノコギリ・ナタ

・炭を焼く小型の窯（直径60cm・奥行き1m程度）

青梅林研では会員手作りのドラム缶窯を使用しています。ステンレス製のドラム缶は、10年以上経過した今もサビによる劣化もなく活躍しています。

【作り方】

❶竹の準備

青梅林研では、林研会員が所有する竹林で間伐したモウソウチクを使います。

ステンレスのドラム缶を使った手製の炭窯

伐採した竹を道路脇に運び出した後、75㎝の長さに玉切りします。その後ナタを使って八つ割りし、最後に節を取り除きます。一度に使う竹は30本ほどです（ドラム缶窯の場合）。

❷火付け作業

竹が用意できたら、いよいよ火付けです。

まず八つ割りした竹を窯の中に丁寧に並べます。窯の上側1割程度および手前のスペースには、燃材（火付けに使う枝葉や枯れた竹）を詰めます。

竹と燃材を並べ終わったら燃材に火を付け、窯の入り口に蓋をします。さらに蓋の前に土を盛り、窯を密閉状態にします。ただし、窯を完全にふさぐと火が消えてしまうため、蓋の下部に幅3㎝×長さ15㎝ほど空気孔を開けておきます。

❸煙の確認

火付け後は、燃焼状況の確認が主な作業になりますが、窯が密閉され中が見えないため、窯の煙突から出る煙が頼りになります。

竹を八つ割りし、窯に詰めます（❶）

着火直後。
すぐに、わずかな空気孔を残して塞ぎます（❷）

煙の色で燃焼状況が分かります（❸）

煙は初めは透明に近い白色ですが、次第にはっきりした白色になり勢いも増してきます。この段階では、窯の中は蒸し焼き状態になりますが竹に火は移っていません。およそ1時間後、煙の温度は、熱くて触れないくらいに上昇します。これが、窯の内部温度が竹の発火点に達し竹が燃え始めた目安です。ここで空気孔を小さく（幅1㎝×長さ10㎝くらい）絞ります。

❹仕上げ

空気孔を絞ると、窯の中は、火の勢いが弱まり、煙がくすぶった状態になります。あとは、この状態を保てば竹は炭化していきます。煙突からは真っ白な煙が出続けますが、10～12時間経つと青い煙に変わってきます。

このタイミングで窯の通気口をふさぎ完全に密閉します。ここから24時間以上放置しておくと竹炭が完成します（時間があれば、数日間置いておくとよいでしょう）。

完成した竹炭

さまざまな活用法

竹炭は、一般的な木炭同様に燃料として利用するほか、消臭剤や入浴剤、炊飯時に釜に入れるなどの活用法があり、お土産用にも喜ばれています。

近年問題になっている竹の活用手段としても有効な竹炭を、みなさんも作ってみませんか？

＊まとめ
特定非営利活動法人 青梅林業研究グループ
会長　青木初雄

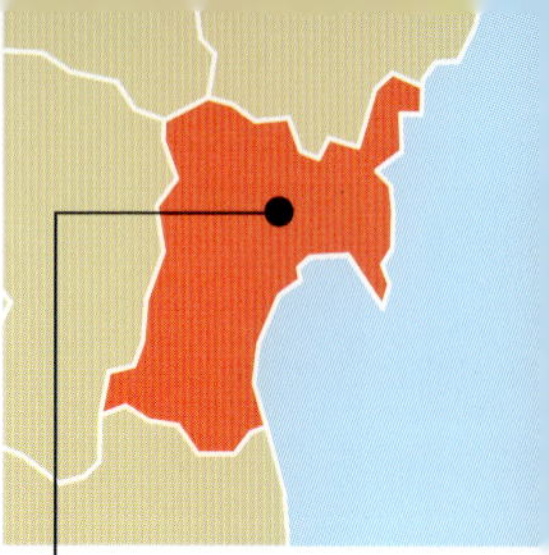

スター☆ドーム

一迫（いちはさま）林業研究会［宮城県］

森林体験活動を25年以上

一迫（いちはさま）林業研究会（宮城県栗原市）は、昭和54年の発足当初から、「一迫林間学校」と題した森林体験活動を四半世紀以上にわたって行っています。今回は、「作る・使う・遊ぶ」をテーマに平成26年に開催した「第31回一迫林間学校」で、参加した子どもたちと作った「スター☆ドーム」について紹介します。

スター☆ドームの作り方

【準備する物】

竹、のこぎり、ドリル・きり、竹割器、杭、カッター、マジックペン、麻紐、メジャー

【手順】

❶竹を切ります（長さ4・5m）。
❷竹割器で竹を割ります（15本）。

竹で作るスター☆ドーム

❸カッターでバリ、ささくれを取ります。

❹竹にドリルで穴を開けます。

　1・5ｍ間隔で1本あたり2カ所（3等分した位置）。これを10本準備します（ベースフレーム）。残りの5本には、90㎝間隔で1本あたり4カ所（5等分した位置）。これをスターフレームとします。

❺ベースフレーム5本を、交互に重なるよう星形に組みます。

❻スターフレーム5本を、⑤の星形の頂点を結ぶ五角形を作るように編み込みます。この時も交互に重なるように注意します。

❼竹の接点を麻紐で仮止めします。

❽立ち上げます。

❾フレームを杭に固定します。杭は、直径3ｍの円上に等間隔に10本打っておきます。

❿残りのベースフレーム5本を、反対側の杭同士を繋ぐようにドームの側面に編み込みます。

⓫ベースフレームとスターフレームの接点を麻紐で固定して完成。

作る時はここに注意！

○竹を割る際は『木元竹末（キモトタケウラ）』。木は根元から、竹はウラ（先端）から割る（割り易い）の魔法の言葉を。

○ケガの恐れがあるのでバリ、ささくれは丁寧に取ります。

○ベースフレームを組む際は上下の重ね順に注意します。

○ベースフレームを立ち上げる際は結構力が要ります。また竹のしなり戻りに気を付けます。

○スターフレームを編み込む際も上下の重ね順に注意します。間違えると綺麗なフレームの星型ができません。

○穴を開ける際は竹を割らないようにします。

テントやモニュメントに

スター☆ドームは、天幕を掛けるとテントにもなり、また天井部分の天幕を開ければ、星の観察などにも使えます。

　今回作成したスター☆ドームは、閉校になった小学校のグラウンドに設置してあることから、製作に携わった子どもたちには小学校を懐かしむモニュメントになり、併せて地区の子どもたちの課外活動などにも利用していきたいと思います。

手順❷。
竹割器で竹を割る

手順❺。
ベースフレームを組む

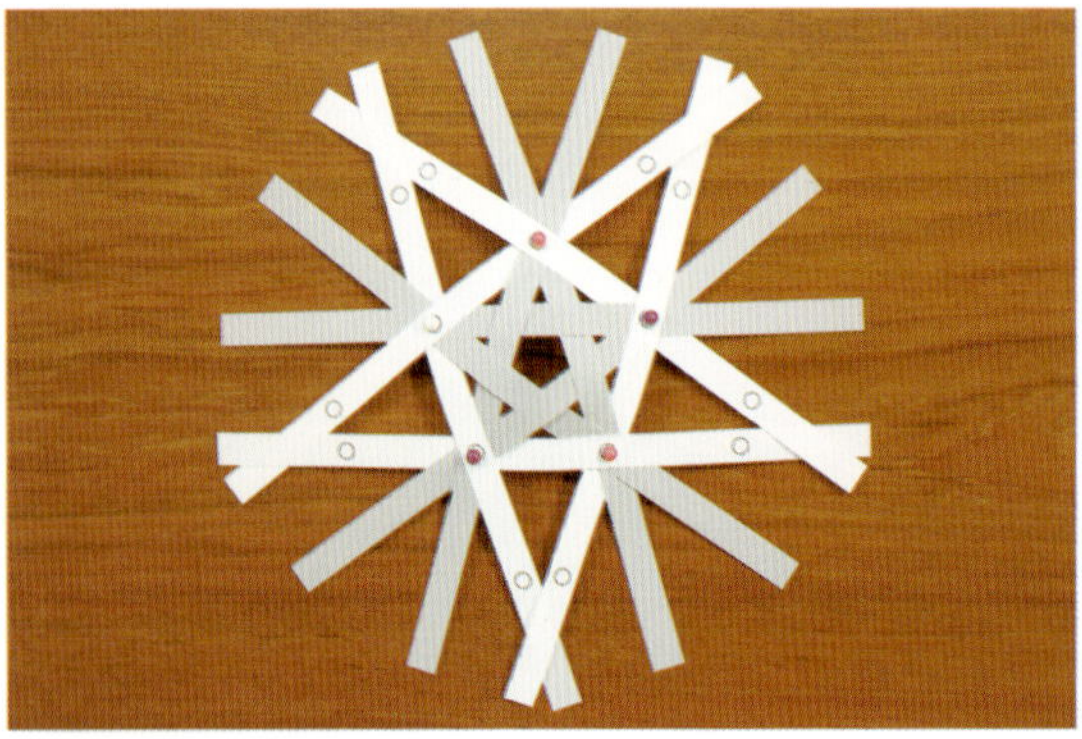

手順❻。スターフレーム（白色）を編み込んだ状態

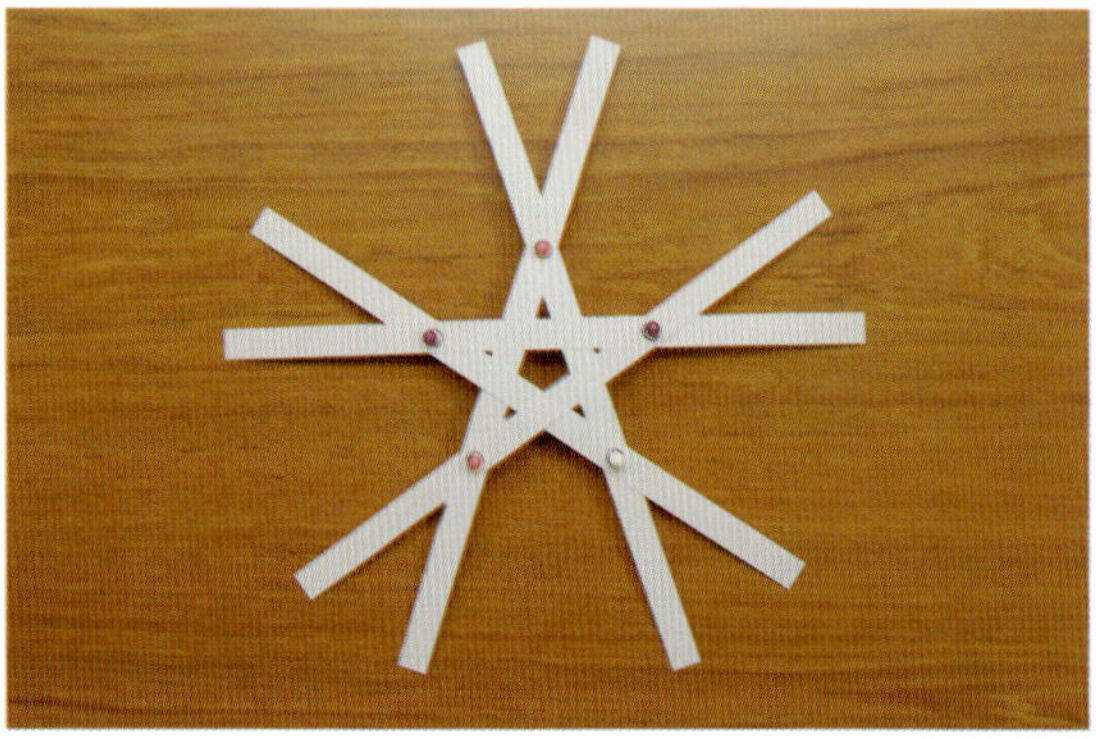

手順❺。ベースフレーム５本を組んだ状態（模型）

手順❾。フレームの端をドリルで杭に固定する

手順❽。立ち上げた状態。
フレーム末端が杭の位置に来る（模型）

当会では、30回以上継続して開催してきた一迫林間学校等を通して、森林・林業の啓発普及に努めてきました。当初は都市と農村の交流が主たる内容でしたが、近年は地元の子どもたちに森林の大切さ、木のもつ様々な力を伝える活動に重点を置いています。間伐材の端材で作る「箸作り」では、自分で物を作る楽しみ、それを使う喜び、間伐材の有効活用、そして木材の大切さを伝えられると思っています。これからも森林を知り、木に触れ、木（気）使いの気持ちを持つ人を増やすため活動を続けていきたいと思います。

＊まとめ　一迫林業研究会　会長　高橋勇記

手順❿。残りのベースフレーム５本（濃いグレー色）を、側面に編み込む

「一迫林間学校」に参加した子どもたちと

ポーラス竹炭は、多孔質の軟質な竹炭

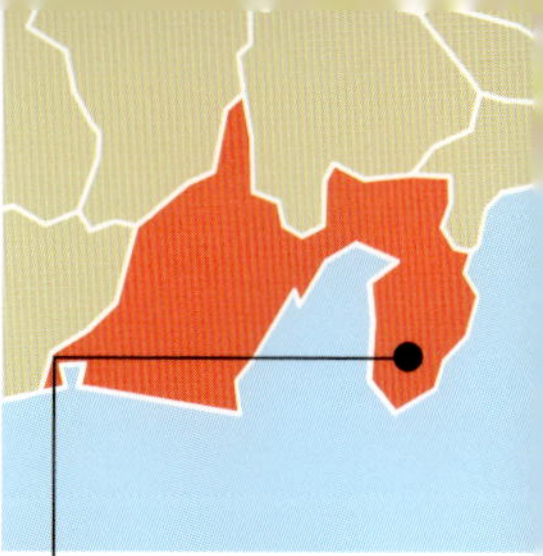

ポーラス竹炭

賀茂地区林業研究会［静岡県］

ポーラス竹炭ってなに？

賀茂地区林業研究会は、伊豆半島南部を活動範囲とする会員数6名の小さなグループです。賀茂地区では全国同様、放置された竹林の拡大に悩まされています。

本林研では、その竹林をただ伐採するのではなく、そこから発生した竹を使って「ポーラス竹炭」を作っています。

ポーラス（英語で「多孔質」の意）竹炭はその名の通り多孔質の軟質な炭です。土壌改良材として使用すると、その孔に水や空気が蓄えられるだけでなく、作物に有益な微生物の生息場所ともなります。

このポーラス竹炭は特別な設備や道具を使用することなく、竹林の中で誰でも簡単に作ることができるというのが大きなポイントです。竹林をきれいにするだけでなく、畑も肥やせるポーラス竹炭の作り方を紹介します。

ポーラス竹炭の作り方

◆使用する道具

竹用ノコギリ、クマデ、箕（み）、ジョレン、動力噴霧器、（水タンク５００L）

◆作る場所

竹林内の平坦な場所に７m四方の空き地を作ります。周りの地面をクマデできれいにしておくと、きれいな炭ができます。竹林内で燃やすので、慣れないうちは雨の日や雨上がりの風が弱い日が良いです。

◆材料

切るのは節が黒い古い竹。倒したら長さ２～３mにカットし、燃やす場所の周りに集めます。

◆燃やし方

燃やす作業は、幹と枝を交互に、少しずつ積み上げます。一気に積み上げると、火勢が強くなりすぎて危険です。竹を積む時は井桁ではなく、同じ向きにして積んでいきます。

竹林内に７m四方の空き地を作り燃やしていく

◆消火

８割ぐらい燃えて炭が見え始めたら消火開始です。全てを一気に消すのではなく、炭が多く

水をたっぷりかけて消火

できた場所から消していきます。炭化していない竹があれば、燃えている部分に移します。

消火作業は、動力噴霧器で水をかける人と、ジョレンで炭をかき出す人に分かれます。十分に水をかけて消火してください。

ジョレンと箕で袋詰め

◆袋詰め

完全に火が消えているのを確認し、ジョレンと箕を使って袋に詰めます。雨の当たらないところに保管します。

土壌改良材として畑にまく

ポーラス竹炭を活用

出来上がった炭は柔らかいので、そのまま畑にすき込めます。やせた土地に炭をまく場合は、初年度は10ａあたり３００kg程度まき、その後は様子を見ながら加減すると良いです。ぼかし肥と相性が良く、土壌改良材としての効果も期待できます。

竹林をせっかく整備しても、林内に山積みにしておくと腐るまでの5~7年はその場所は使えませんし、見た目も良くありません。

ポーラス竹炭なら、1日かけて切った竹を2~3時間で土壌改良材に変えられます。切った竹の処分に困りましたら、ポーラス竹炭にしてみてはどうでしょうか。

＊まとめ　賀茂農林事務所
林業普及指導員　森　勇介（所属は執筆時）

※竹を燃やす際は、事前に消防署への届出等が必要です。
※作り方を紹介した映像が、動画投稿サイトYouTube上にあります。「ポーラス竹炭の作り方」で検索してみてください。

食楽 shoku-gaku

森の恵みで食を楽しむ

ニッケイ（カラギ茶）

国頭村（くにがみそん）林業研究会［沖縄県］

やんばるの森から新たな特産物を！

国頭村（くにがみそん）林業研究会は、やんばると呼ばれる沖縄本島の最北端に位置する国頭村の林業従事者を中心としたメンバーで活動しています。平成22年からは女性メンバーも加わり、新たな特産品として、カラギ茶の生産に取り組んでいます。

アイデアが産んだカラギ茶

カラギとは、沖縄に自生するニッケイの方言名で、お菓子の香料などに使われるシナモンの仲間です。すっとする香りと独特の辛みには清涼感があります。メンバーには、森林組合の苗畑に大きく育ったカラギを何かに利用したいという強い思いがありました。樹皮や根を採取すると木が弱ってしまうので、葉を利用してお茶にしてみたところ、ハーブティー感覚で、カラギ独特の風味が楽しめることを発見しました。その後口コミで評判が広がり、平成19年ついに

カラギ茶

苗床からポットへ
鉢上げした苗木。
１月に行ったところ、
成長もよく、
順調に栽培できている

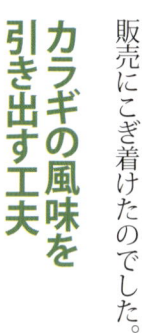

販売にこぎ着けたのでした。

カラギの風味を引き出す工夫

国頭林研では、挿し木による苗木栽培に取り組んでいます。挿し穂は苗畑のカラギの中で一番風味の強い個体からとり、初めは苗床に挿します。苗床からポットへの鉢上げは、夏場を避け、1月に行ったところ、成長もよく順調に栽培できています。また、さらによい母木を探すため、山仕事の合間に、あちこちの自生のカラギの味見も行っています。今後は、挿し木する時期や適した土壌、栽培環境の調査・整理を進めつつ、林研メンバーの所有する山林に少しずつ植栽していく計画です。

現在作っているカラギ茶は、男性陣が山仕事の合間に、苗畑や造林地で枝打ちしたものを利用しています。堅くて緑が濃い葉の風味が強いことから、柔らかい新芽の時期を避けて6月以降に収穫します。

枝が集まると、今度は女性陣の出番です。枝

枝が集まると、女性メンバーの出番。
枝から葉を１枚ごとに丁寧にとり、自然乾燥後、刻んでパッキングする

苗畑のカラギで
一番味の良い母木から
挿し穂を採取する

から葉を1枚ごとに丁寧に取り、自然乾燥させた後、５㎜幅にきざんでパッキングします。

挿し木による苗木栽培・収穫時期ともに、カラギの独特の風味を引き出せるように、国頭村林業研究会の工夫が凝らされています。

地域の新たな特産品として、カラギ茶（カラギはニッケイの方言）の生産に取り組んでいる国頭村林業研究会の皆さん

地域と連携、広がりを見せるカラギ茶の可能性

新たな地域の特産にしようと村役場や村内関係組織からもバックアップがあり、新しいパッケージデザイン、商品開発に取り組む動きもでてきました。また、成分分析の結果、赤ワインより多くのポリフェノールが含まれていることがわかり、付加価値をつける科学的情報も得ることができました。

現在は、国頭村の道の駅でのみ販売していますが、祭り等イベントのときに展示販売したり、村内の自然体験型施設内のカフェでドリンクメニューに加えられるなど、徐々に知名度を上げています。また、国頭村は森林セラピー基地の認定を受けており、セラピーツアーのティータイムにカラギ茶がふるまわれるなど、村の新しい取り組みと結びついた展開で需要も増えています。

やんばるの山の恵みとともに暮らしてきた国頭村ならではの特産品として、今後も地域活性の一翼を担う起爆剤になることを期待し、新たな森林・林業の可能性を探っていきたいと思います。

森林セラピーツアーのティータイムにカラギ茶がふるまわれる。「癒されますな〜」

＊まとめ
沖縄県北部農林水産振興センター　森林整備保全課
林業普及指導員
久高梢子（所属は執筆時）

手作りくず粉で作ったスイーツ

くず粉
熊川葛振興会［福井県］

伝統を絶やしてはいけない！

福井県若狭町熊川地区では、昔、冬の仕事としてくず粉を生産していました。これらは「熊川葛」として京都で売買され、江戸時代の儒学者・頼山陽（らいさんよう）の手紙に「熊川葛は上品にて」と登場するなど、大変質の良いものでした。しかし、作業の厳しさなど時代の流れにより、戦後、伝統は途切れてしまいます。20年前に生産組合が立ち上がったものの、高齢化に伴い、現在では、代替わりした1名が細々と作業を続けるのみでした。

そのような中、親世代がくず粉づくりの作業をしていたという（遠い）記憶を持つ60歳代の有志4名が集まり、平成23年に熊川葛振興会を結成しました。技術の掘り起し、地区住民へのPRと後継者育成が会の目的です。

くず粉づくりの手順

・原料採取

葛の葉が完全に落ち、でんぷんが根にたまっ

スコップやクワを使って掘り出した葛根

掘り取った根

た12月以降、山中に根を堀りに行きます。普段よく目にする葛のツルは直径2～3㎜だと思いますが、目的とする根は、直径10㎝以上の太さのツルが目印です。黒色でねじれているため、樹木とは容易に見分けがつきます。

スコップやクワを使って掘っていきますが、土の中では根がどのように伸びているか分かりません。ひたすら下にもぐっている場合は掘り出すのは大変です。

掘り出した根は運びやすい長さに切り、背負子（しょいこ）に乗せて山から降ろします。

・作業内容・手順

採取してから日を置かずに作業に掛かります。

①根に付いた石や泥を洗い流し、粉砕機を使って砕きます。

②砕いた根を水の中で揉み、根の中のでんぷんを洗い出します。茶色の根は白くなり、逆に水はでんぷんと一緒に出た灰汁（あく）で濃い茶色になります。

③大きなバケツ等に集め、しばらく静置し、上澄みを捨てます。静置する時間は水の量や成分によって違うので、沈殿物と上澄みに分かれた時点で行います。

④きれいな水を追加して沈殿物とよく混ぜ、布などで漉（こ）して不純物を取り除いた後、また静置します。

⑤「静置する、上澄みを捨てる、水を足し混ぜる、漉す」を何回も繰り返します。静置する時間は徐々に1～2日と長く掛かるようになってきます。

⑥沈殿物が白く、上澄みが無色透明になったら、沈殿物を取り出します。適当な大きさに切って風通しのよい日陰で干します。

きれいに洗って根を粉砕

出来上がったくず粉

・注意する点

水温が高いとでんぷんが発酵してしまいます。地域によって違うと思いますが「冬」の間に作業を終えるようにします。

葛根100kgから、くず粉は3～5kgしか取れず、かつては「白い金」と呼ばれるほど貴重なものでした。

出来上がったくず粉を使って、くず湯やくずまんじゅう、くずきりなどをつくることができます。

地元小学生と、
くず粉づくり体験も

熊川葛振興会
会員の皆さん

林業遺産に認定！

江戸時代から京料理や菓子の材料等に珍重されてきた熊川葛の生産技術が評価され、平成28年5月、日本森林学会の林業遺産に認定されました。

PRにも余念なし！

PRにも力を入れており、イベント等でのくずまんじゅうの実演販売や、地区の小学生を招いてのくず粉づくり体験、そして京都の和菓子屋さんの視察受け入れなど「くず」を身近に感じてもらう活動をしています。

＊まとめ
嶺南振興局林業水産部
林業・木材活用課
林業普及指導員
大藤千香子（所属は執筆時）

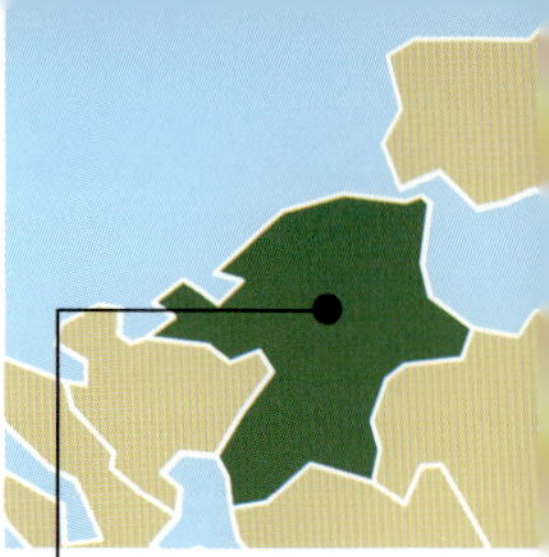

ふるさとレシピ

●県内の女性林研グループ［福岡県］

十八番（おはこ）料理発表の場

福岡県では、女性林業研究グループを対象として、山村地域に埋もれた食材を掘り起こし、将来的には商品開発を目指すために平成21年度春と、22年度秋、２回シリーズで「ふるさとレシピ発表会」を行いました。

このレシピ発表会は、特別、高級、難しい料理ではなく、あくまでも会員の十八番（おはこ）料理の発表の場です。当日は、山里ならではの干しタケノコなどの保存食、新鮮な野菜、さらにイノシシ肉など、バラエティに富んだたくさんのご馳走がテーブルを彩りました。なかでも好評を得た、星野村女性林研あいりん会・西田裕子さんの２つのメニューを、参加グループを代表してご紹介しましょう。

レシピ よもぎ豆腐

「よもぎ」と言えば「草もち」や「だんご」。でも「よもぎ豆腐」は、おかずとしてもデザー

しゃもじで作る焼き菓子。
材料は、卵：3個、砂糖：１５０g、サラダ油：１５０g、小麦粉：２００g、ゆずジャム：２００g、ゆず酢：２0cc

よもぎ豆腐。
材料は、ヨモギ：１５０g、水：４００cc、
くず粉：８０g

トとしても食感と風味を楽しめる、新レシピです。色、香りもそのままで鮮やかさが素敵です。

作り方

❶ヨモギはミキサーにかけるか、細かく刻んですり鉢ですって、ペースト状にする。

❷鍋にヨモギ、水、くず粉を入れて1～2分おく。

❸しゃもじで静かに混ぜ、くず粉が全体になじんだら、火にかける。沸騰するまでは中火、沸騰してからは弱火で、常に焦げないように20～30分混ぜながら練り加減を見る。

❹型に流して冷やし、固める。

❺わさび醤油、からし味噌でいただく（きな粉や黒蜜でデザートにしてもよい）。

※レシピ考案者の西田さんは、春になると柔ら

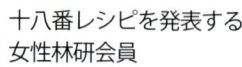

十八番レシピを発表する
女性林研会員

かいヨモギの芽を摘むのに精を出し、1年分のヨモギを冷凍保存しています。冷凍保存前には、あく抜きをしておきます。

あく抜き手順は、①なべにたっぷりの水を入れて沸騰させてヨモギと重曹（大さじ1）を入れて煮る。②クキの部分が柔らかくなったらザルにあげて流水にさらし、よく洗い、水切りをする。③小分けして冷凍保存、です。

レシピ しゃもじで焼き菓子

洋菓子は泡立てが大変と思いがちですが、しゃもじで混ぜて作ってもOKの焼き菓子です。ゆずは、香りが爽やかで、程よい酸味がとてもリッチな気分になります。手軽にできる洋菓子。これはオススメです。

作り方

❶卵と砂糖をボウルに入れてかき混ぜる。
❷サラダ油を入れて混ぜる。
❸小麦粉を入れてさっくり混ぜる。
❹ゆずジャムとゆず酢を入れる。（ここで混ぜすぎないこと）
❺天板に流して、180度で30〜40分焼く。（オーブンの種類で温度と時間は調節する）

※今回はゆずジャムを使いましたが、もちろん裏山の青いゆずや、黄色のゆずも使え、その場合は皮の表面をすりおろすと香りが引き立ちます。

※ゆずが手に入らない地域では、クルミをラム酒に浸したものなどを利用してください。

レシピづくりを通じて地域再発見

「はつらつ研修」や「ふるさとレシピ発表会」を通じて、会員が交流、情報交換することで、

林研グループが集まって
ふるさとの食材・レシピを発掘

お互いの作った
料理を試食

新しい発見はもちろんのこと、自らの地域を再発見することにも繋がりました。お互いの地域を刺激し、農林山村で暮らす会員皆さんの夢の実現に向けて、これからも元気に活動を続けて欲しいと思っています。

＊まとめ
森林林業技術センター
企画普及課　木下能成（所属は執筆時）

男巻き　餡の入らない笹団子

頸北林業研究会［新潟県］

完成した男巻き。団子は５個ひとまとめに結束

昔ながらの作り方を再現

頸北（けいほく）林業研究会は平成19年に発足した、まだ歴史の新しい団体です。会員数は約40名、主に森林の手入れ、道具の使い方と手入れなどを行っていますが、伝統的な技の伝承にも力を入れています。

今回ご紹介するのは、オヤマボクチの葉入りの古来の笹団子です。上越市吉川区の横田スミさんを講師に迎え、昔ながらの作り方を復元しました。

笹団子というと、餡の入ったヨモギの団子を笹で包んだ、新潟県の菓子として知られますが、本来は餡の入らない団子でした。餡の入る笹団子は作り方がかなり難しく習熟が必要ですが、今回の男巻きは、初めて作る方でもすぐできるほど簡単です。

男巻きの作り方

●材料（団子50個相当）
・米粉1kg
・茹でたオヤマボクチの葉350g（手に入らなければヨモギの若葉で代用も可）
・チマキザサの葉（団子1個に2枚。笹は裂ける場合があるので少し枚数に余裕を）
・スゲ（団子を包んだ笹を縛る。地域独特のタヌキランの葉。畳表のイグサなどで代用可。ぬるま湯につけ戻す）
・生地をこねる水600cc程度

❶オヤマボクチの葉は、茹でて水にしばらくさらしてあく抜きします。葉が堅い場合は重曹を入れて茹でると柔らかくなりますが、茹で過ぎると葉が溶けてしまいます（写真①）。

❷こね鉢（ボウルで代用可）に粉を入れて、水とオヤマボクチの葉を入れてこねます。最初はうまくなじみませんが次第に弾力が出てさわやかな緑色の生地になります。こね上がるまで40分程度かかります（写真②）。

❸こね上がった生地を親指の太さと長さくらいに丸めます。これを笹の上にのせて置きます。笹をもう一枚添えて、笹を巻きスゲで縛ります。これが難しいように思えるのですが、団子に餡が入っていないので、緩まない程度に縛ってあれば問題ありません。基本的な縛り方はインターネットで検索できます。独自の

オヤマボクチ（キク科の多年草）。
このくらい成長しても使えます。
株を弱らせないため、
葉の採取は数枚程度にします

米粉と茹でたオヤマボクチの葉をこね上げます。かなり力がいります

丸めて笹の上に並べていきます

縛り方を考案しても面白いと思います（写真③）。

❹縛った団子を5個ひとまとめに結束します（写真④・⑤）。できあがった団子を20分茹でます。蒸してもいいのですが、茹でたほうが食べるとき笹離れがいいのと、食感がモチモチしていいようです。

❺熱湯から引き上げ、冷ませば食べられます。米粉の団子のため半日くらいで堅くなりますが、その場合は再度数分茹でれば柔らかくなります。

笹の葉２枚で、縛り上げた団子です。餡入りのものより細身です

野趣豊かな美味しさ

食べると草の香りがさわやかで野趣があります。お好みによりきな粉、塩などで食べると味わいがあります。

もともと笹団子はお菓子というより、「くず米粉を使った糧のようなもの」だったそうです。餡が入ったお菓子に変化したのは生活が豊かになった証しとも言われます。野趣のある男巻き、ぜひお試しください。

＊まとめ
上越地域振興局　農林振興部
林業振興課　滝沢則之（所属は執筆時）

試食会。久しぶりに再現した男巻きは素朴でおいしいと好評でした

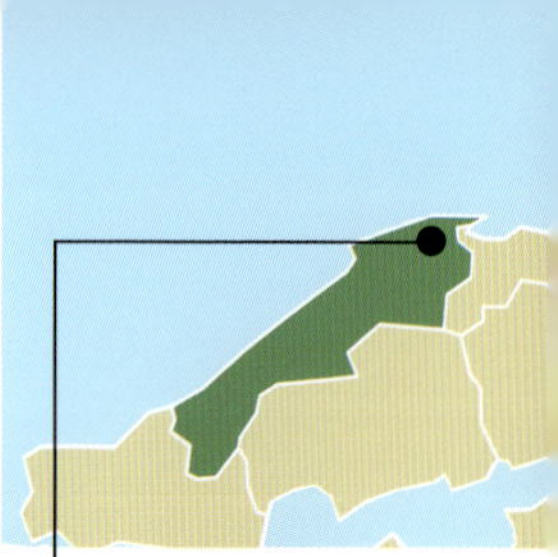

竹筒パン
もりふれ倶楽部［島根県］

竹は友だち！

特定非営利活動法人もりふれ倶楽部は平成16年3月に設立され、今年10周年を迎えました。会員数は１００名と県内林研グループで最も多く、女性が３割を占めています。もりふれ倶楽部では、森林整備のボランティア活動や子どもから大人までを対象とした森林環境教育活動を実施し、人々の生活や環境と森林との関係について理解と関心を深める活動を精力的に展開しています。

今回ご紹介するのは、タケの風味豊かな竹筒パンです。島根県森林インストラクターの中村正志さんと野々村俊成さんを講師として、県民の方々を対象にアウトドア料理に取り組みました。一般的にアウトドアで作るパンには棒巻きパンがありますが、里山の厄介者となっているタケを調理器具に使用し、誰でも簡単にパンが作れます。

割ったタケの中で焼く竹筒パン

竹筒パンの作り方（6個分）

【材料】
強力粉100g、薄力粉100g、ドライイースト小さじ1弱、砂糖大さじ3、塩小さじ1／3、バター（マーガリン）30g、水100～120cc

タケを 60㎝程の長さに切る

【調理器具】
竹筒（直径10㎝、長さ60㎝×2本）、布巾、ビニール袋、ナタ、針金、たき火もしくは炭火

【調理方法】
❶竹筒をナタで半分に割り、内側を洗い、布巾できれいにふきます。
❷ビニール袋に強力粉、薄力粉、ドライイースト、砂糖、塩を入れて混ぜます。
❸ビニール袋に水の半量を入れ、袋をもみます。様子を見ながら水を加え、耳たぶ程度のかたさになったら、1時間程度寝かせます。
❹袋の中身が約2倍に膨らんできたら、適当な大きさに分けて、丸めます。
❺竹筒の内側にバターを塗り、パン生地を入れ、ふたをして、針金で縛り、火にかけます。10～15分で焼きあがります。

【ポイント】
・竹筒には青タケを使用します。きれいに割るために、最初にノコギリで溝を入れておきましょう。
・お好みでパン生地にクルミや干しブドウ、ココアなどを混ぜて焼くと楽しめます。
・焼く際は、火加減に気をつけてください。火力が強すぎると、パンが焼ける前に竹筒が燃えてしまいます。

バターをぬった竹筒に
パン生地を入れる

竹筒が開かないよう
針金で縛る

竹筒をおき火の上に置き、
焼く

「私のパンはマシュマロみたい」

タケを活用し、竹林整備につなげる

竹筒を調理器具として活用するとタケの甘い香りが移り、とてもおいしくいただけます。調理等に使用する箸や皿などもタケから作ると思い出もさらにアップします。

タケは古くからタケノコとして食されるほか、私たちの身の回りの道具などとして活用されてきました。そのタケが使用されなくなり、竹林は一気に拡大し、大きな社会問題となっています。

もりふれ倶楽部では竹林整備活動にあわせ、タケを活用したおいしく楽しいアウトドア料理の普及にも努めています。この活動が県内他団体等に波及し、竹林対策の新しいアイデアが生まれることを期待しています。

＊まとめ
島根県農林水産部林業課
林業普及スタッフ　坂越浩一（所属は執筆時）

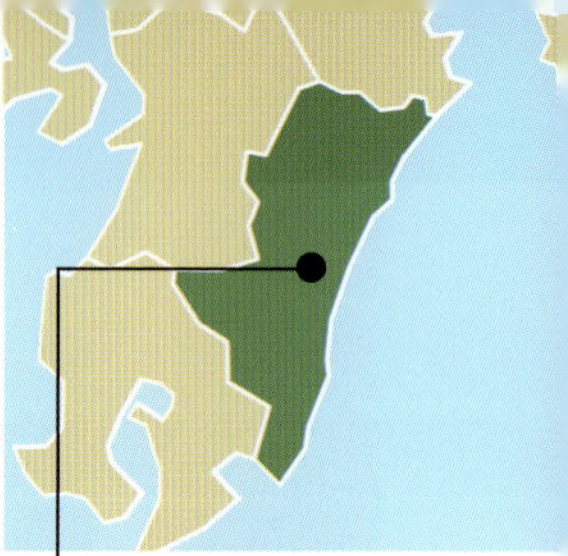

かしの実こんにゃく

●東米良林業研究グループ［宮崎県］

手間暇かけて作る大自然の恵み

宮崎県中央部にある西都市東米良地区で活動する東米良林業研究グループは、平成13年に結成されました。会員数は14名（うち男性2名）で、平均年齢は72歳。元気に活動を続けています。

東米良といえばユズが名産ですが、今回はドングリのデンプンで作る「かしの実こんにゃく」をご紹介したいと思います。手間のかかる一品です。かしの実こんにゃくは、「こんにゃく」というよりも、「ういろう」のような歯ごたえです。

かしの実こんにゃくの作り方

●材料・道具

・カシの実（ドングリ）　360g
・砂糖　250g
・塩　小さじ半分程度
・ミキサー
・鍋
・さらしの袋
・桶
・トレー

❶カシの実（ドングリ）を拾い、水洗いをします。ドングリの皮を剥くと白い実が出てきます。その実をミキサーで砕き、さらしの袋に入れ、水を一昼夜流し続け、灰汁を抜きます。

❷翌朝、桶を準備して水を流しながら8回程揉み、デンプンを沈殿させるために一晩置きます。

❸次の朝、うわ水を捨ててデンプンを天日で干します。

❹湯のみ2杯分の乾いた粉に対して、湯のみ11杯分の水、砂糖、塩を鍋に入れ、弱火でとろみが出るまで混ぜます。

❺混ぜ続けると茶色になり、粘りが出てきたらトレーに移して、約1時間程冷まして完成です。

カシの実から採取したデンプンを鍋に入れる（❹）

ドングリのデンプンで作った
「かしの実こんにゃく」

水や砂糖と一緒に煮込み、とろみを出す（❹）

トレーに取り１時間ほど冷ます（❺）

混ぜ続けると褐色に変化する（❺）

東米良林業研究グループの皆さん

伝統の味を引き継ぐために

かしの実こんにゃくは、昔、食糧難の時期に何か大自然の物で食糧を確保できないかと試行錯誤して作られたのが発端のようです。

今では集落の行事やお正月などの機会に作ったり、イベントで販売などしています。食べた人からは「珍しい」や「懐かしい」などの声をいただいています。

東米良地区は、高齢化、過疎化が進み、伝統の味を引き継ぐ後継者がいないのが実情です。

今ではコンビニに行けば何でも買える時代になっており、手間暇かけて料理を作る機会はあまりないのではないでしょうか。コンビニで手に入る食料は誰でも温めるだけで食することができるので、料理の味付けの仕方を知らない人もいると思います。そのような中、その土地の伝統料理を味わい、その味を絶やす事のないよう、地域の一員として活動していくことが大切なのだと考えています。

＊まとめ
東米良林業研究グループ
事務局　池田博明

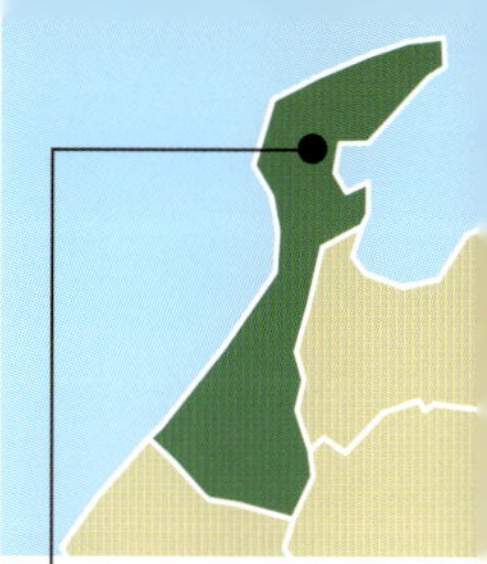

やまんば直伝！ 山菜の魅力と活用術

谷口藤子さん・女性グループ「森の幸」［石川県］

山菜づくし！ 目と舌で楽しむ料理

目にも鮮やかな山菜料理のフルコースを前に。谷口藤子さん（中央）、坂本ちづるさん（左）、宮下富子さん（右）、大路清子さん（奥）

ウワバミソウの実、クズの花、シイタケ、タケノコ、ギンナンをちらしたお寿司

世間話をしながら、
賑やかな
料理教室の風情

ワラビと打ち豆（潰した大豆）の粕汁

塩漬けにして保存すれば一年中楽しめる。
ウワバミソウ、ワラビ、ゼンマイ

工夫次第　奥が深い「山菜」の世界

山の恵みをもっとも手軽に楽しめる「山菜」。採取自体も楽しいものですし、さまざまに料理すれば楽しみは倍増します。

手軽とは言っても、山菜には実に様々な種類があり、対象種や調理法など、地域性が豊かで味わい深い魅力があります。

そして、個人的に楽しむことはもちろん、家族で山菜採りに出かけたり、料理・試食会を開

天ぷらの材料。タラノメ、フキノトウ、ツバキ、ユキノシタ

いたり、老若男女問わずにみんなで楽しめる点も魅力の一つと言えるでしょう。

穴水町林業研究会（石川県）のメンバーであり、山菜の達人として知られる谷口藤子さんと女性グループ「森の幸」のみなさんにお話を伺います。

谷口さんは、「山菜アドバイザー」（日本特用林産振興会）としてご活躍中。植物愛好者グループ「能登の山を歩く会」のメンバーとして、50年以上山を歩き回って培った植物学の豊富な知識と、持ち前の好奇心、料理好きが重なり、すべて実践で確かめた山菜の活用術を料理教室などを通じて普及しています。

愛称は「やまんば」。鈴を鳴らして山に分け入る谷口さんを見たお孫さんが、親しみを込めてそう呼ぶようになったそうです。

女性グループ「森の幸」

穴水町林業研究会、能登町林業研究クラブに所属する女性メンバーの有志7名からなるグループ（181頁写真）。山菜を加工した食品など、山の恵みを活かした商品を開発・生産し、地元の産直施設などで販売している。

「やまんば」の知恵袋 山菜料理の実践を語る！

ハコベ

「これがハコベ。ハコベ塩がいいよ。きれいな先っぽだけを洗ってカッター（ミキサー・フードプロセッサ）で細かくして、汁を絞って、その汁に塩を入れて、カラカラになるまで弱火でホーロー鍋で煎るの。そうすると、きれいな緑色のハコベ塩ができる。何に使うか？　天ぷらでも何でも。昔はこれで歯磨きもしたんだよ。

ハコベをゆでたのはこれ。納豆和えにしたけど、和え物ならなんでもいいし、おつゆにも良い。なあーんでもできる。とにかく、ハコベはすごく美味しいね」

フキノトウ

「食べ頃はこれくらい。もっと大きくなってもいい。葉っぱが出たくらいの。

それよりね、花にメスとオスとあるんや。黄色い雄花は美味しくない。白い雌花の方が美味しい。前もって、白い花の咲く株がどこにあるか探しておくといいよ」

「これはハコベの納豆和え」と谷口さん

春の七草で有名なハコベ

浅緑色が美しいハコベ塩

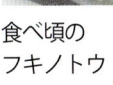

食べ頃のフキノトウ

フキノトウ、ミツバ、エビでかき揚げに

ショウブ酢

「このショウブ酢はね、前田の殿様（加賀藩主）が使っていたって新聞に載っとったもんで、真似して作ってみた。良い香りがしてね。

お寿司の酢飯にショウブ酢を使う谷口さん。
上品で爽やかな酸味だ

ショウブの葉を根元から採ってきて、洗って、ぐるぐるっと巻いて瓶に突っ込んで。たっぷり米酢を入れて、固くなった餅を一つ入れて、そのまま1年以上置いておけば酢ができる。これ、酵母が付いていないから（そのままでは発酵しない）、代わりにお餅の固いヤツを入れるんよ。ちょっと舐めてみて。上品な味がするから」

クズ酢・フジ酢

「クズも花を酢にするといいよ。クズの花でもフジの花でも、酵母が付いているから、砂糖と水だけで酢ができる。洗ったら酵母が落ちるからダメやけど。

クズもフジの花もそれぞれ採る時期があってね、遅く採ると虫がいっぱいおるんや。下の方がちょっと咲いてるなっていう時期がいい。

瓶の底に酵母が沈むから、それを使ってパンも焼けるし」

瓶に３分の１の
クズの花と砂糖、
水だけでできるクズ酢

クズ酢から花を取り出し、
梅酢に漬けたもの。
お寿司や酢の物にトッピングすると
彩りを楽しめる

ツクシ・ワラビ・タケノコ・シイタケ・ツバキの砂糖菓子

砂糖菓子各種。
ワラビ（手前）、
ツクシ（左）、
ツバキの花びら（奥）、
谷口さんが
特にお勧めの
タケノコ（右）

「これ、ツクシの砂糖菓子。正月のお茶菓子に。はかまを全部とるから大変や。スギナもいいよ。タケノコは私が考えてんけど、これは成功した。シイタケもこんなしてお菓子にして。美味しいやろ、香りがあって。ツバキも。きれいやろ？　ワラビでもするしね。作り方？　何もせんよ。砂糖を入れて鍋を揺すって煮たんよ。弱火で揺すってやらんとぐちゃぐちゃっと固まってしまうから。あんまり弱火にすると飴になってしまう。火加減が難しい。失敗したんはレンコン。鍋に張り付いてしまって。ウワバミソウも、細くなりすぎてダメやったね」

四季を通じて楽しむ山菜の活用術

ナツハゼ

「実をジャムに。山で採れるからすごくいい。アイスとかヨーグルトに入れたり、チーズケーキに添えたり。

ウワバミソウを採る谷口さん（写真提供／あとりえ・あ　角章子）

これ、種がないからいいんや。ジャム作るときに種があると、うるさい（邪魔だ）から。

この前、実を採っている時に人が来て『何しとるね』と聞かれたから、うっかり正直に話したら、全部採っていかれた。しまったぁ。いらんこと言わにゃよかった」

ナツハゼのジャム。
ブルーベリーのような紅紫色。
紅葉も楽しめる樹木なので、
山でぜひ見つけておきたい

アカマツ

「アカマツサイダー。知らん？　アカマツの新葉を採るやろ、きれいに洗ってビンに入れて、そこへ水と砂糖を入れて、明るいところに2～3日置いておくとできる。ジュワジュワーと空気が上がってくる。サイダー。まったくサイダーよ」

タンポポ

「タンポポも全部食べられるよ。花も。特に根のコーヒーは美味しかったわ。カフェインが入っていないので、妊婦さんにもいいよ」

クワ

「クワはものすごい体にいいんや。実だけでなくて、葉っぱももちろん食べられる。お風呂に入れたり、お茶にしたりもできる。お茶は、シナモンとか玄米を煎って入れると、香りが良くなるね。

私、最近、お茶とお風呂に凝っているの」

山菜の塩漬け保存

「重しと塩が大事。すぐに食べられる状態にゆでてアク出しして保存しておくこと。そうすると、ちょっと塩出ししただけで食べられる。

ゆでてたっぷりの塩とおからに漬けるの。おからとたっぷりの塩を交互に入れて、一番上にササの葉を乗せ重しを乗せて漬けます。ササは殺菌作用があるからね。

おからが一番いい。アクも取ってくれるし。ワラビ、タケノコ、ウワバミソウ、フキ、もう全部。タケノコを漬ける時は小さめの瓶のほう

タケノコはゆでて、たっぷりの30%の塩水とともに瓶に詰めて保存してもいい

が使いやすいよ。

食べるときは、水で塩を抜いて。呼び塩してね。半日くらいでいいよ。今の若い人たちは面倒みたいだけど」

冷凍保存

「冷凍の場合も、すぐ食べられる状態に下処理してから。アクのない山菜、例えばコゴミ、ヤブカンゾウ、ツクシなんかは、ゆでて冷凍。タケノコやフキは、冷凍すると繊維だけになっちゃうから塩漬けに。

たくさん冷凍しているから、家には冷凍庫が何個もあるよ」

コゴミ（クサソテツ）のクルミ和えを作る谷口さん。
コゴミは冷凍保存したものを利用。
クルミは自生のオニグルミの実を使っている

所有林で山菜を楽しもう

「山菜を通じて山の魅力を伝えたい」。これは今回お話を伺ったみなさんの想いでもあります。

読者のみなさんも、ぜひ所有林を歩いて、山菜採りを楽しんでみませんか。谷口さんのアドバイスにもあったように、事前に本（山菜図鑑など）やインターネットで下調べをして……。きっと、食べられる植物が一つや二つは見つかるはずです。

せっかくですから、山に入る際は仲間や家族とともに行くことをお勧めします。山菜を通じて話題が広がり、一人で行くよりも楽しみが増えることは間違いありません。もし、山菜に詳しい方が身近にいれば、そんな名人を頼ってもいいでしょう。

「うちの山にも、こんな山菜があったのか」と、山の魅力がまた一つ増えることでしょう。

ただ最近はイノシシやクマの出現が多くなっていますので、山へ行く時は十分な注意も必要です。

＊まとめ　編集部

仲間と味わう山菜料理。会話も弾む

林業

林業に役立つ装置、道具

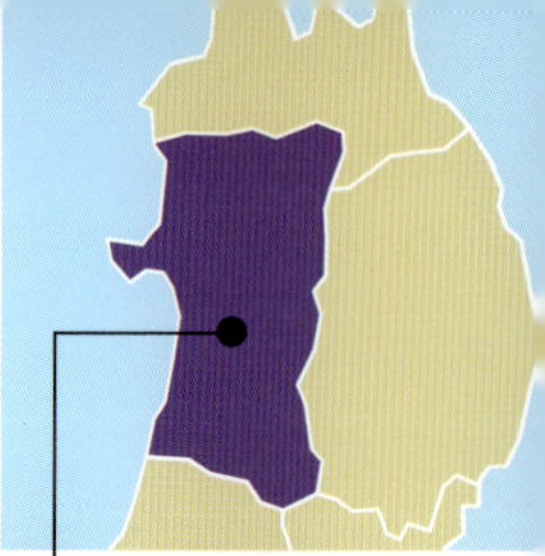

簡易集材装置「修羅iido」

平鹿地区林業後継者協議会［秋田県］

材を滑走させる簡易集材装置「修羅ｉｉｄｏ」の全景。
S字型、Y字型など自在に設置できるのも魅力

修羅ｉｉｄｏって何？

“修羅ｉｉｄｏ”とは、平鹿（ひらか）地区林業後継者協議会（秋田県横手市）が考案した簡易集材装置のニックネームです。

ホームセンターで販売されているポリカ波板に補強用の小幅板を取り付けた滑走台を、ひもで連結し、さらにトラロープと杭で固定し、集材するというごく簡単なものです。

初期型は装置の固定を支柱のみに頼っていましたが、流した材の揺れや飛び跳ねから生じる装置の損傷や分離により、材の滑りが安定しなかったため、トラロープとひもを使う形になりました。

ネーミングは、多くの方々に親しんでいただきたいという願いを込めて、古来の集材方式である「修羅」に、英語で滑らせる「ＳＬＩＤＥ（スライド）」と、秋田弁のほめ言葉「いいど」を掛け合わせて命名しました。

修羅ｉｉｄｏの作り方

■準備するもの（50基、約50～60ｍ分）

・ポリカ波板（長さ１８２０㎜、幅６５５㎜、厚さ１㎜）50枚
・支柱（現地発生杭）
・トラロープ
・ひも（安価なＰＰロープで十分です）
・小幅板（長さ１８００㎜、幅42㎜、厚さ13㎜）２００本
・パワービス　適量

■集材装置の作り方

・ポリカ波板の両端に小幅板をビス接合、ひもを通して、トラロープと杭に固定する、製作はこの作業のみです。

設置～集材～撤去の方法

■設置方法

①集材範囲を決め、滑走ラインを設定します。
②滑走ラインにポリカ波板を運搬、配置します。
③波板を連結します。連結は固定しないで重ねるだけです。
④ポリカ波板の小幅板にひもを通し、トラロープと現地発生杭に固定します。
⑤勾配調整やクッションとして、波板の下に枝葉、笹、灌木の切り株などを敷くことをお勧めします。

■集材作業のポイント

・材の大きさは、長さ１ｍ程度・直径20㎝程度（人力で運べる重さ）がよいと思います。これ以上になると材が滑走台から飛び出したり、波板を破損する可能性があります。
・スムーズに材を滑走させるため、滑走面を雪や水などで濡らすことをお勧めします。
・太い材（直径20㎝以上）については流れるスピードが早くなり、材の暴れによって装置の損傷が生じるため単木で流さず、数本連結させて流す方法がお勧めです。

先頭の材にロープを巻き付け固定しておき、その上方に４～５本の材を連結（単にくっつける）した後、ロープで速度調整しながら流す方法で、こうすることにより数本の材が電車のように一体化し、安定した滑りが期待できるようになります（次頁からの図、写真参照）。

■撤去方法

①ひもをはずし、杭を全部引き抜く。
②ポリカ波板を山側から順次重ね合わせ、谷側へスライドさせて撤去する。

今後の課題

太い材を連結して滑走させた場合、巻き付けたロープをはずす作業員が必要となり、生産性が落ちてしまう課題があります。また、これまでの実践事例は、直線的な配置であったため、従来からの課題である「曲線集材」や「支線を設けた集材」に対しては今後も検証していくつもりです。

小幅板・トラロープ・
現地発生杭を
ひもで固定する

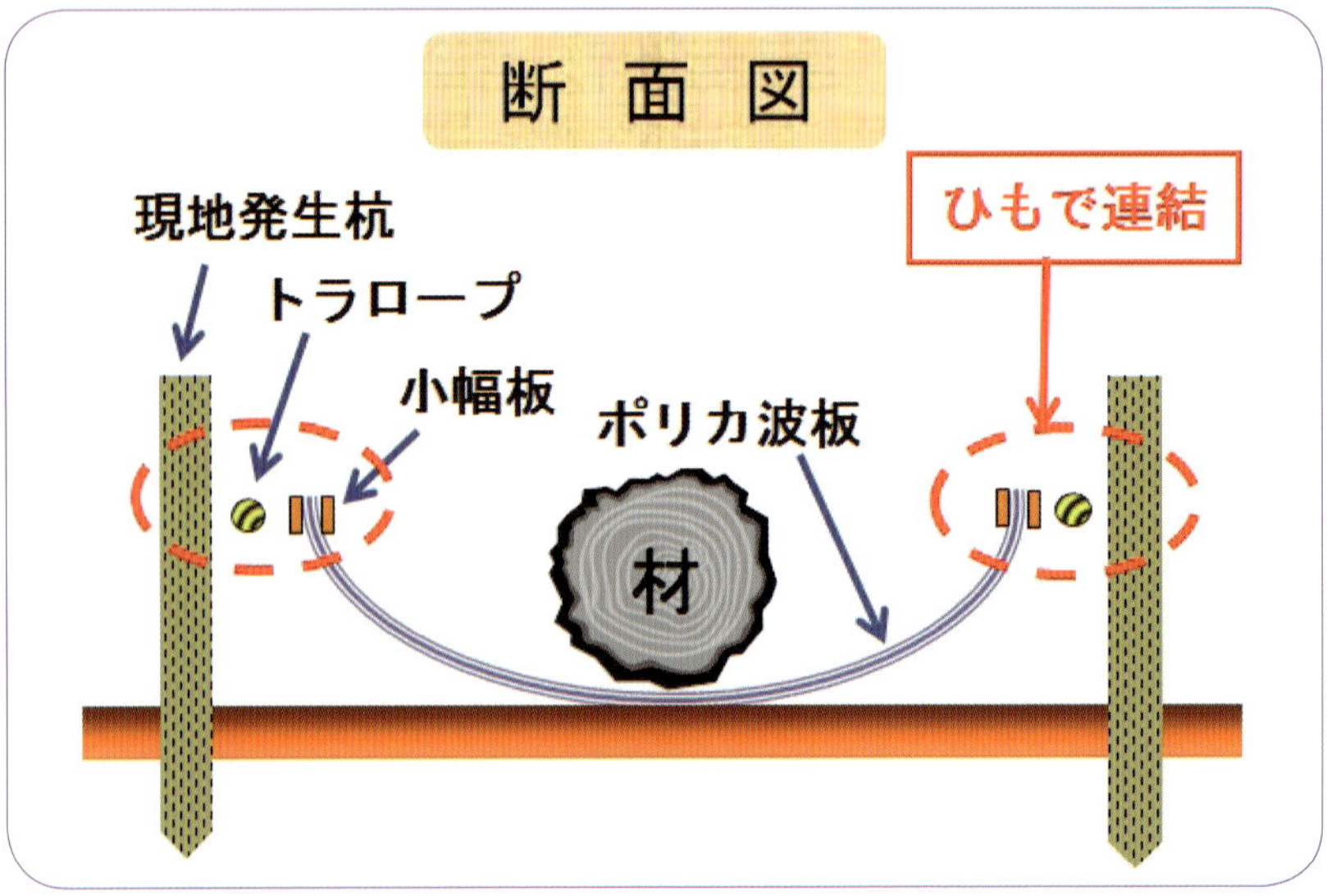

資材は軽いので運搬が楽

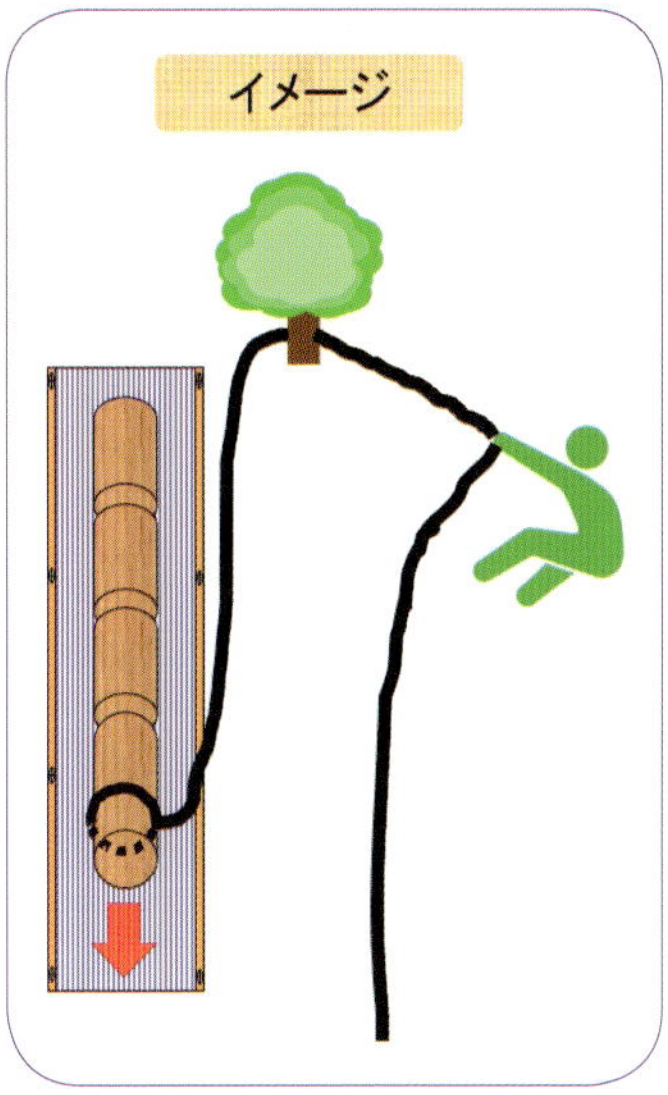

太い材は数本連結させることで
滑りが安定する

平鹿地区林業後継者
協議会のみなさん

初期型から改良され
材の滑りが安定した

一度お試しください

“修羅iido”は、全国的に森林バイオマスを有効利用しようとする動きが高まってきている中、林内に放置されている間伐材などのバイオマス資源をなるべく経費をかけずに、誰でも簡単に運び出せるように考案した方法です。

製作費用は1基あたり2000円程度となっておりますが、支柱は現地発生のものを代用すればより安くあげることも可能です。

地域通貨制度などで自伐林業をされている方、ぜひお試しになってみてください。

＊まとめ
平鹿地域振興局
森づくり推進課　金　耕司（所属は執筆時）

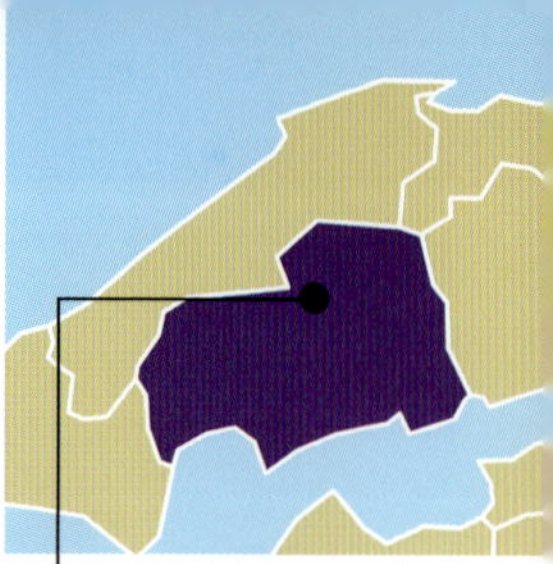

ドラム缶炭窯

三次（みよし）市森林・林業研究会［広島県］

❶炭窯づくり

人気の炭焼きプログラムは窯作りから

三次（みよし）市森林・林業研究会は、平成17年より毎年「山仕事講座」を開講し、「山づくりは人づくり」をモットーにグループ活動を続けています。

今回は活動プログラムの中でも人気の高い、ドラム缶と一斗缶を使った「炭窯」の作り方を（次項では実際の製炭方法も）ご紹介します。

この「ドラム缶炭窯」は、ドラム缶と一斗缶、市販のステンレス製煙突を加工して組み合わせた簡易な構造となっています。

炭を焼く時は周囲を土で覆うため、開口部にすき間があっても大丈夫です。

この炭窯で15kgほどの炭が1日（着火から窯止めまで）で生産できます。

ドラム缶と一斗缶を使った炭窯

ドラム缶炭窯の構造

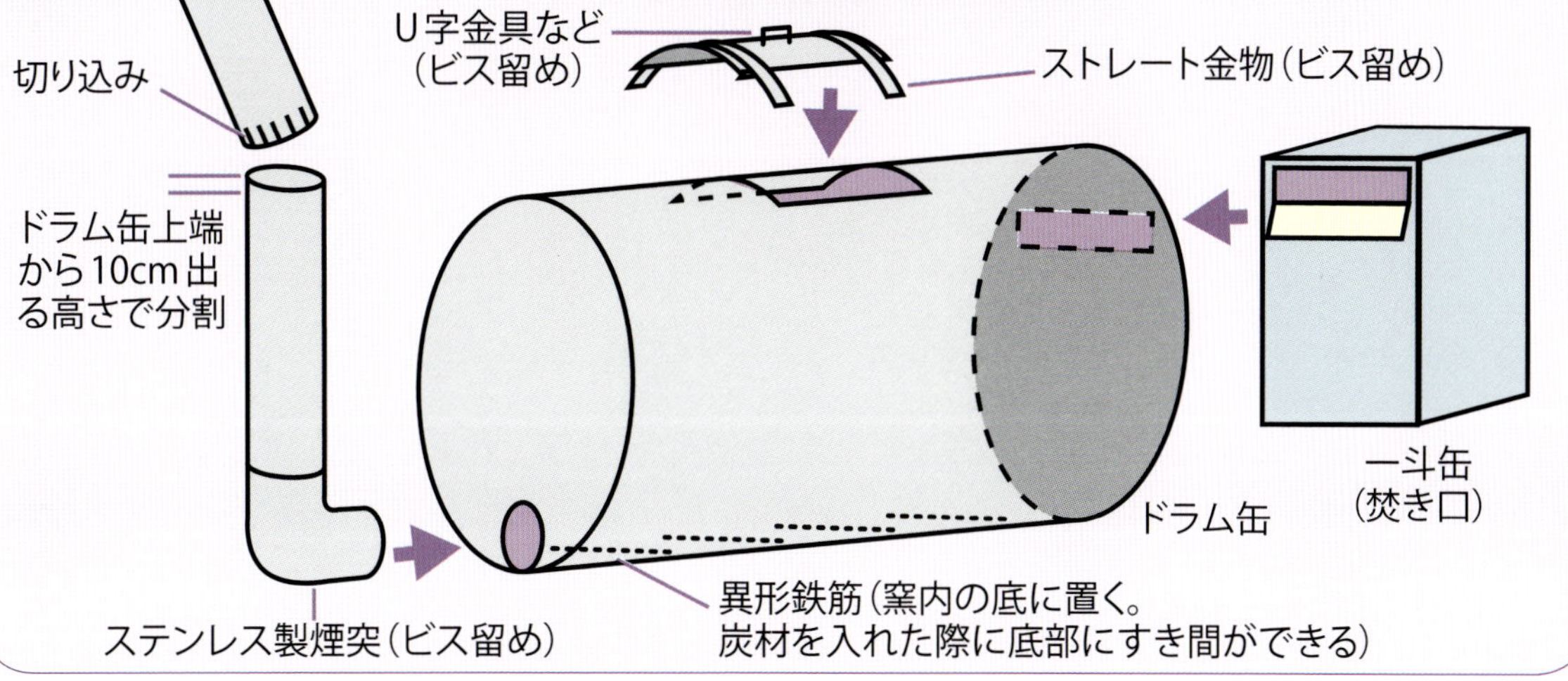

ドラム缶の加工方法

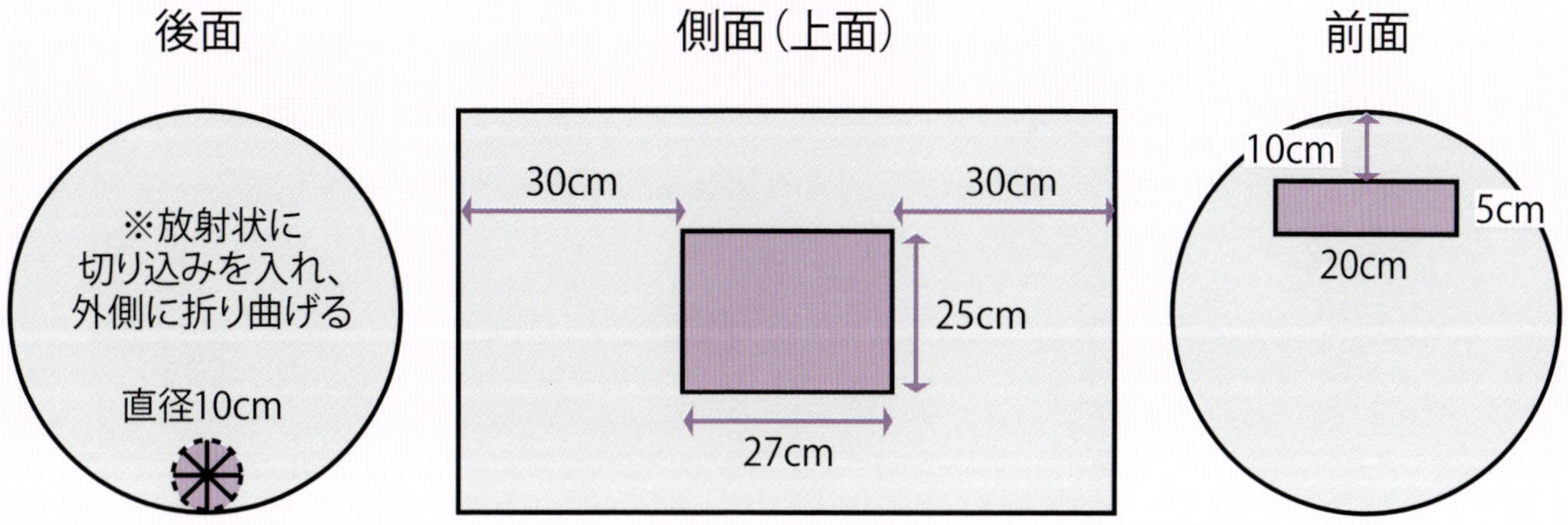

ドラム缶・一斗缶 加工時の注意点

中古の缶を利用する場合、内容物によっては爆発の危険があります。新品や洗浄後の安全な缶を使いましょう。中に水を満たした状態で加工すればより安全です。また、ゴーグル、手袋等を付け、安全な服装で作業しましょう。

一斗缶の加工

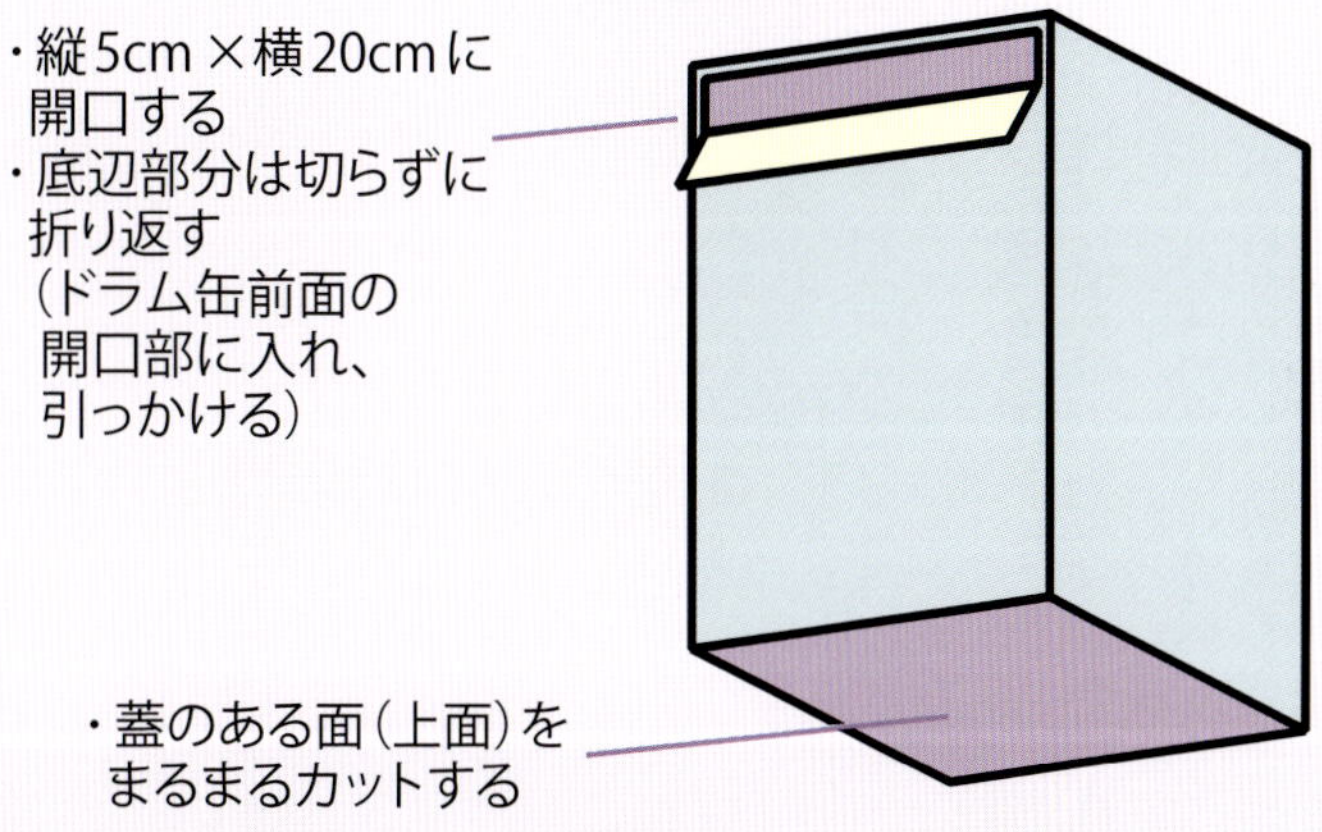

材料と工具

【本体】
・ドラム缶・一斗缶　各1個
・ステンレス製煙突（エルボー×1個、ストレート×1ｍ）
※ストレート煙突は下図のように2分割して使用
・異形鉄筋1・6ｍ程度（短く切って窯内の底に置く）

【ふた部分】
・40㎝程度のストレート金物×2個（ふたの落下防止用）
・U字金物など×1個（取っ手・つまみ）
・鉄板用ビス×10本程度

【工具】
・手持ちディスクグラインダー×1台（鉄鋼用替ディスク数枚）
・インパクトドリル×1台（プラスビット数本）

ドラム缶と一斗缶の加工

❶前頁の図を参考に、缶にマジックで切り取り線を描きます。
❷手持ちディスクグラインダーを両手でしっかり持ち、切り取ります（煙突取り付け部、一斗缶の窯口は折り曲げて利用するので、全てを切らないように）。
ドラム缶側面を切る場合は、ドラム缶を寝かせ、両端を角材等で挟み固定します。ここで切り取った鉄板は、ふたとして使うので取っておきます。
❸煙突取り付け部は、円の中心から放射状に外周まで切り込みを入れ、ペンチ等で外側に折り曲げておきます。
❹切り取り面のバリ等は、金槌でつぶしておきます。

ディスクグラインダーで開口部を切り取る（❷）

部品の加工と取り付け

❺ドラム缶側面から切り取った鉄板に、ストレート金物とU字金物（取っ手）を固定します（固定にはインパクトドライバーと鉄板用ビスを使用）。
❻煙突（エルボー）の下側（設置時の地面側）に数カ所、水抜き用の穴を開けます。
❼ドラム缶に煙突（エルボー）を差し込み、鉄板用ビスで固定します。
❽異型鉄筋は30～40㎝程度の長さに切ります（炭を焼く時に使用）。
❾ドラム缶前面の開口部に一斗缶の折り曲げ部分を差し込み、それぞれの開口部分を合わせます。
これで、「ドラム缶炭窯」の完成です。
次項は、この炭窯を使った炭焼き方法をご紹介します。

②炭焼き法

材料と工具

○砕石・小石／バケツ1杯
○廃ブロック等／必要数（土留め材として使います。間伐材を利用したり、緩斜面に埋設して三方の土留め材を省く方法もあります）
○マサ土等／1・5㎥程度（ドラム缶の周囲を

20～30㎝の厚さに覆い、断熱材とします）
○炭材（薪材兼用）／軽トラック1杯
○屋根材
○クワ・スコップ・大工道具等
○温度計（煙の温度を確認するもの）
※炭焼き時の注意点
　炭焼きは火（熱）を用い、煙や匂いも発生します。また炭材も薪も可燃材です。火災や事故防止等十分注意し、炭焼きを楽しんでください。

炭窯の設置

①設置場所を決めたら、煙突側が少し下がるように地面を均し、炭窯を設置します。煙突の下側だけスコップ一杯分掘り下げ、砕石を入れておきます。煙突（エルボー）下側に開けた穴から水滴を逃がすためです。
②ドラム缶の左右・上側に20～30㎝のマサ土（断熱材）が入ることを想定し、廃ブロック等（土留め材）を積み上げながら炭窯をマサ土で覆います。ブロックの内側に転倒防止杭を入れれば安心です。
③前項で作成した異形鉄筋を炭窯の底に並べ、炭材を詰め込みます。今回は長さ40㎝程度の雑木を薪の大きさに割り、すき間のないように詰めました。
④炭材を詰め終わったら上部の蓋を閉じ、隙間を粘土等で塞いだ後にマサ土で覆います。

ドラム缶炭窯の設置。煙突側が少し下がるようにします（①）

周囲にブロックを積み、
窯（ドラム缶）の周りを
マサ土で覆います（②）

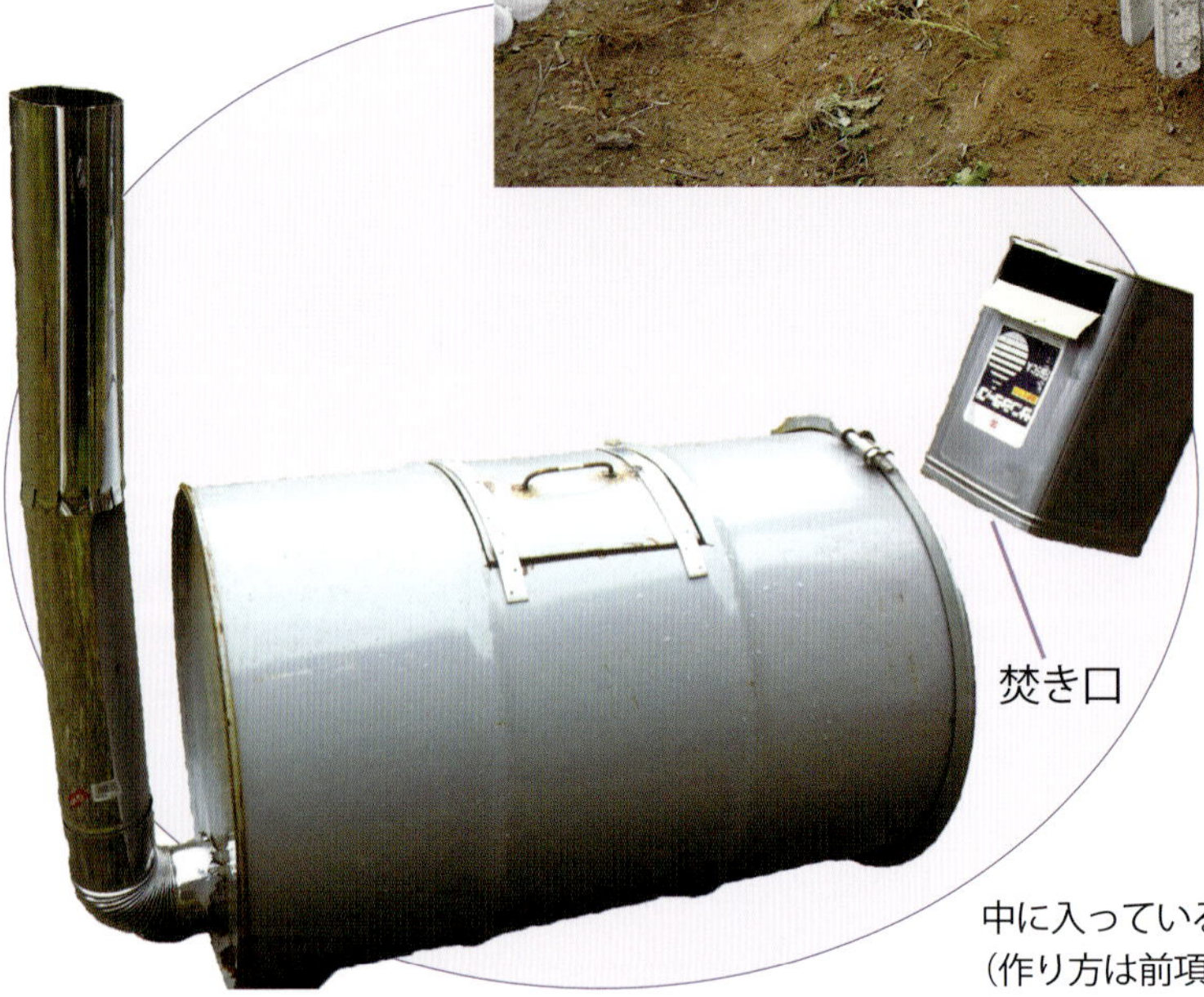

中に入っている炭窯・焚き口の一斗缶
（作り方は前項で紹介）

粘土などで蓋を塞いでからマサ土で覆います（④）

炭材をすき間なく詰め込みます（③）

⑤廃材等を利用し、炭窯に簡易な屋根を取り付けます。

製炭作業

❶煙突を取り付け、焚き口で薪を燃やします。その熱を窯本体（ドラム缶）へと送り込みます。

❷薪を焚き始めると、煙突から匂いのない水分を含んだ煙（白い煙）が出始めます。

焚き口で薪を燃やし、窯内部に熱を送り込みます（❶）

❸さらに焚き続けると煙の勢いは増し、鼻につく匂いの煙となります。煙の温度は70℃を超すようになり、炭化開始の合図となります。

ここで薪を焚くのをやめたくなりますが、30分～1時間程度は温度低下がないことを確認しながら焚き続けます。

❹煙の温度が下がらないようであれば、焚くのをやめ、焚き口を煉瓦等で小さく絞ります。

❺時間経過とともに煙の色と量が変化していきます。なかなか分かりづらいところですが、煙突から出る煙が透明に（煙が出なく）なったと判断したタイミングで、焚き口と煙突を塞ぎ消火します。

煙突は2分割した上部を引き抜き、円形の缶蓋等で塞ぎ、焚き口は煉瓦や廃ブロックで塞いだ後、粘土等で隙間を埋めます。

焚き付け、炭化開始、消火までにかかる時間の目安は、おおよそ8～10時間です。

❻消火後1日程度は窯を冷やし、温度が下がったことを確認してから炭を取り出してください。

＊まとめ
三次市森林・林業研究会
新見文章

作業する三次市森林・林業研究会のメンバー

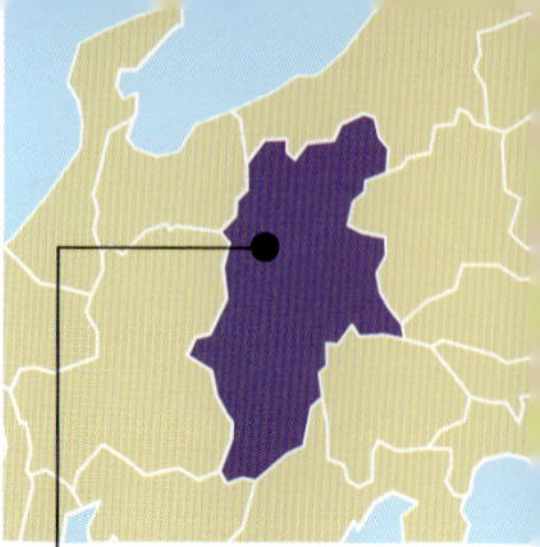

チェーンソー製材板

●朝日森林（もり）のクラブ［長野県］

自分たちで板材を作ろう

朝日森林（もり）のクラブは、長野県東筑摩郡朝日村に所在する林業経営者、後継者及び森林に関心を持ってこの会の活動の趣旨に共感する方たちが集まり、平成4年に発足しました。会員は26名で老若男女様々な顔触れです。

当クラブで行っている、チェーンソーミル（チェーンソーのガイドバー部分に装着して丸太を縦挽きで製材する装置）を使った、丸太の製材

チェーンソーで製材された板材

方法を紹介します。

板材の作り方

◆準備するもの

丸太、チェーンソーミル（グランバーグG777スモールログミルを使用）、チェーンソー、桟橋、水平機、平ノミ、木槌

◆作り方

今回製材した丸太は、間伐作業の際に出たサクラ材です。この製材作業は平成22年6月に行った活動の事例です。

❶伐採した木の切り口をチェーンソーで切り揃えます。次に、製材するための水平面を作ります。今回は、寝かせた丸太の上端をフリーハンドで薄くスライスして（チェーンソー使用）、おおまかな水平面を作りました。この面は微妙に波打っているので、軽トラの荷台に耕運機等を載せる時に使用する桟橋を固定し、これを水平の基準としました（本来は製材前に水平機等を用いて正確に水平面を作ります）。

❷固定した桟橋の水平面を基準として、チェーンソーミルを装着したチェーンソーで、板として使う部分の製材を始めます。

チェーンソーを操作する人とミルを固定する人が、息を合わせ、慎重に製材を進めることが、確実に水平に製材していくコツです。

桟橋を使って水平面を作る（❷）

❸必要な厚みを測り出し、乾燥後の曲がりやねじれを考慮して、余分な厚みを含んで製材します。

2枚目以降は桟橋を取り外し、チェーンソーミルを装着したチェーンソーのみで製材していきます。

この時は、桜が太かったため、ガイドバーの長さが足りず、半分ずつ切りました。約2倍の時間がかかりましたが、チェーンソーのガイドバーの先端が丸太から出ないことで、ミルを固定する人の安全性が確保されました。今回は5枚の板が取れました。

❹板が完全に乾く前に平ノミを使い、皮を削り取ります。

最後に割れ防止のため、かすがいを木口に打ち、3年間、自然乾燥させました。

今年の春先、クラブ員のなかで、この板を競売にかけ、完売しました。販売で得た収入は会の活動費として活用しています。

息の合った作業が要求される

左が当クラブ会長、指導林業士・高橋鉄則さん

製材した板の活用方法

製材板は看板としても活躍しています。当村のシンボル的な存在となっている鉢盛山（標高２４４７ｍ）の登山道整備が行われた際に、支障木となったカラマツを利用して板を製作し、登山道の案内看板を2基作成、設置しました。案内看板の文字は、登山道整備にも加わった地元朝日小学校6年生が書き、趣きのある登山道となりました。

登山道の案内板として活用

チェーンソーを使った製材は、正しいチェーンソーの知識と操作技術が必要であり、クラブでは、この丸太の製材を自在に行えることで、会員がソーチェーンの目立てやチェーンソーの安全で効率的な操作技術をマスターした事を確認しています。

当クラブでは、安全な伐倒作業を行うために、チェーンソーの講習会を年3～4回開催するとともに、森林整備も実施しています。

これからも、地域に根ざし森林に深く関わりながら、地域の人々と里山の繋がりをより確かなものにできるよう、楽しく活動を行っていきたいと思っています。

＊まとめ

朝日村産業振興課農林係
主査　清沢光彦（所属は執筆時）

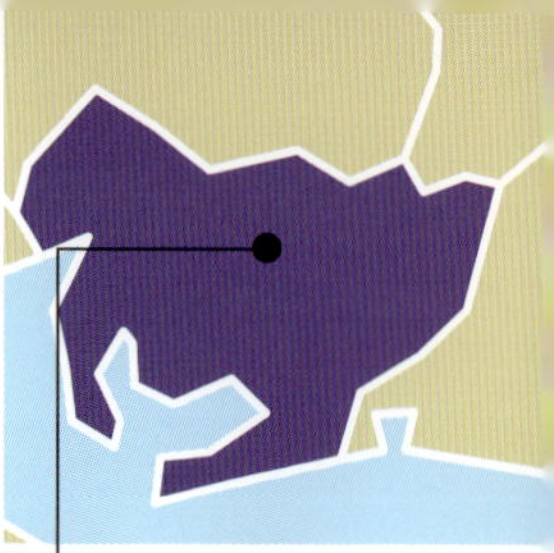

2タイプのロケットストーブ

北設林業技術協議会・NPO法人てほへ［愛知県］

※ロケットストーブ／「ゴー」という音をたてて燃える手作り燃焼器具。煙道が断熱され、熱効率と燃焼効率に優れる点がポイント

一斗缶と煙突部材で作るロケットストーブ

タイプ① 軽くて簡単。一斗缶ロケットストーブ

北設林業技術協議会は、愛知県北設楽郡内の林研グループの連合体で、森林・林業に関する学習会等を行っています。森林バイオマス利用

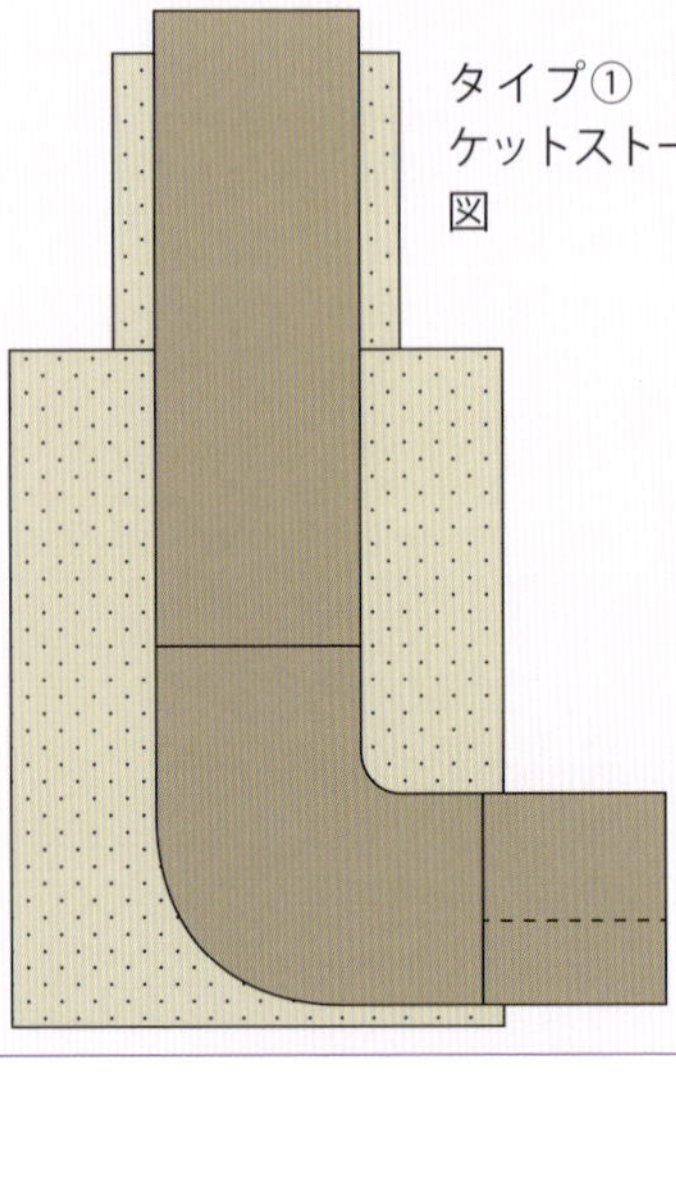

タイプ① 一斗缶ロケットストーブの断面図

促進のため身近なチェーンオイルの空き缶を利用してロケットストーブを作成しました。

一斗缶ロケットストーブの作り方

■材料

・一斗缶（チェーンオイルの空き缶）
・1号缶（給食センターの空き缶）
・ステンレス煙突（φ10㎝以上・半直管・エビ管）
・パーライト（人工軽石）

■作り方

❶半直管を、適当な長さに切る
❷一斗缶は側面に底から3～5㎝の高さで穴を開け、上面は切り取る
❸1号缶の底面を放射状（8等分位）に切り開き、上面は切り取る
❹一斗缶の穴に短い方の直管を細い方から入れる
❺エビ管の太い方を、短い方の直管の細い方と合わせる
❻エビ管の細い方を、長い方の直管と合わせる
❼ステンレス煙突を支えながら、パーライトを入れる
❽1号缶の放射状に開けた角をパーライトに差し込み、煙突と1号缶の間にパーライトを入れる
❾焚口に仕切り板を入れて完成

赤土ロケットストーブ

タイプ② 材料費なし？赤土ロケットストーブ

NPO法人「てほへ」は、北設楽郡東栄町で森林整備を行っている団体で森林資源活用のための学習活動も行っています。会員にロケットストーブへの関心が高まり、ワークショップを開催しました。

こちらは、林業の知識とロケットストーブが結び付いて、赤土ロケットストーブが開発されました。

メンバーとロケットストーブ完成品

■材料
・赤土
・鉄板（チェーンオイルの空き缶を分解）、針金
・型枠（4㎝の角材で作成）

■作り方
❶型枠を使って、水で練った赤土で日干しレンガを作る
❷日干しレンガを泥で隙間を埋めながら組み立て、鉄板と針金で固定する

タイプ②　赤土ロケットストーブを作るワークショップ

❸火入れをして焼き締める

赤土ロケットストーブ 日干しレンガの作り方（タイプ②）

型枠に必要なものは４cm角の角材で、
○長さ28cm×２本
○長さ20cm×４本
○長さ12cm×３本
となり、合計で172cm分が必要です。

これらの角材を、平らな板の上に下図のように並べ、空いている部分に水で練った赤土を流し込みます。すき間なくきっちり流し込んだら表面を平らにならし、型枠を外して天日で干したら完成です。

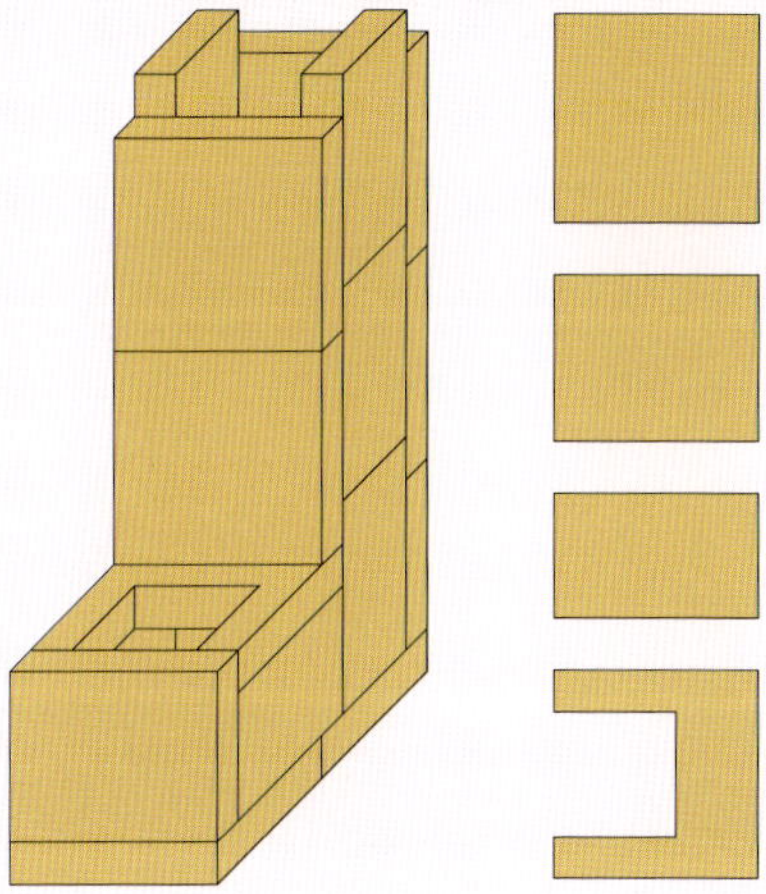
タイプ②　赤土ロケットストーブの日干しレンガの大きさと組立図

タイプ②　型枠と日干しレンガ

各ストーブの特徴

一斗缶のロケットストーブは、断熱材に人工軽石を使い軽量です。

赤土ロケットストーブは、赤土の蓄熱効果で火持ちが抜群です。

バイオマス利用では、熱利用が最も効率的です。安全かつ効率的な燃焼器具の利用は森林資源の保護・利活用に資するものであり、今後とも普及を応援していきます。

＊まとめ　新城設楽農林水産事務所　林業振興課
林業普及指導員　酒井哲史（所属は執筆時）

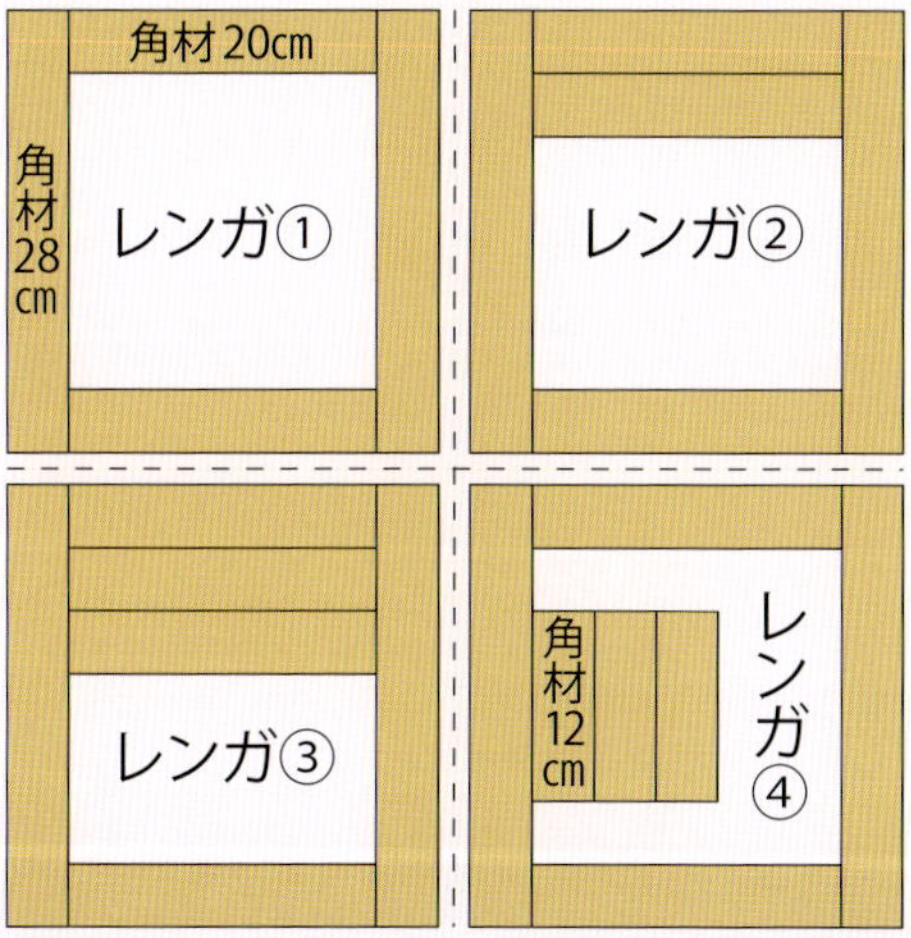

索引

装幀　　松田晴夫（株式会社クリエイティブ・コンセプト）

本文デザイン　　石山　潔（ＣＩＳデザイン）

ＤＴＰ作成　　森本　唯

林家が教える 山の手づくりアイデア集

全国林業改良普及協会　編

発　行　2016年10月20日

発行者　渡辺政一

発行所　全国林業改良普及協会
東京都港区赤坂1－9－13　三会堂ビル
電話　03－3583－8461（販売担当）
03－3583－8659（編集担当）
FAX　03－3583－8465
ご注文専用FAX　03－3584－9126
webサイト　http://www.ringyou.or.jp

印刷・製本所　三報社印刷株式会社

Printed in Japan
ISBN978-4-88138-335-3

全国林業改良普及協会の雑誌・本

体験セミナーシリーズ No.3
まちの森生活　ソフト林業入門
中川重年、しまだ・しほ、鶴岡政明、長野亮之介 著
ISBN978-4-88138-069-7
AB判　96頁　定価：本体 1,000 円＋税

森のバイオマス利用アイデア集
中川重年 監修　全国林業改良普及協会 編
ISBN978-4-88138-085-7
AB判　95頁　定価：本体 1,200 円＋税

森と暮らす No.1
山林の資産管理術
全国林業改良普及協会　編
ISBN978-4-88138-202-8
A5判　192頁　定価：本体 1,800 円＋税

森と暮らす No.2
ノウハウ図解 山仕事の道具
全国林業改良普及協会　編
ISBN978-4-88138-203-5
A5判　292頁　定価：本体 1,800 円＋税

森と暮らす No.3
定年なし！森を生かした収入法
全国林業改良普及協会　編
ISBN978-4-88138-219-6
A5判　208頁　定価：本体 1,800 円＋税

森と暮らす No.4
仕事が楽しい！森の自給生活
全国林業改良普及協会　編
ISBN 978-4-88138-220-2
A5判　192頁　定価：本体 1,800 円＋税

森と暮らす No.5
林業入門　自家伐出のすすめ
全国林業改良普及協会　編
ISBN978-4-88138-239-4
A5判　184頁　定価：本体 1,800 円＋税

日本の記録　林業人列伝
全国林業改良普及協会　編
四六判　定価：本体 2,000 円＋税
vol.1　336頁　ISBN978-4-88138-207-3
vol.2　320頁　ISBN978-4-88138-224-0
vol.3　324頁　ISBN978-4-88138-246-2

毎月、山林所有者のご家族が表紙に登場します。

月刊「林業新知識」

山林所有者みなさんと、共に歩む月刊誌です。

月刊「林業新知識」は、山林所有者のための雑誌です。林家や現場技術者など、実践者の技術やノウハウを現場で取材し、読者の山林経営や実践に役立つディティール情報が満載。「私も明日からやってみよう」。そんな気持ちを応援します。
特集方式で、毎号のテーマをより掘り下げます。後継者の心配、山林経営への理解不足、自然災害の心配、資産価値の維持など、みなさんの課題・疑問をいっしょに考えます。一人で不安に思うことはありませんか。本誌でいっしょに考えれば、いいアイデアも浮かびます。

山林所有者に向けて
地域を代表する林業家、熱心な林研グループ、定年後に山へ足繁く通う人、山を楽しんで活用している人などを訪ね、経営ノウハウ、施業技術、所有林の活用・デザイン術、後継者に継いでいく家族のドラマなどを紹介しています。

山仕事の実践者に向けて
自伐林家や現場技術者による、安全で効率よく作業できる実践技術やアイデア、工夫を凝らした道具の使い方、新しい技術などを紹介しています。

B5判24頁カラー／1色刷り
定価：236 円（本体 219 円）
年間購読料　定価 3,680 円（税・送料込み）

月刊誌は基本的に年間購読でお願いしています。
随時受け付けておりますので、お申し込みの際に購入開始号（何月号から購読希望か）をご指示ください。

全国林業改良普及協会の雑誌・本
お申し込みは、Fax、お電話で直接下記へどうぞ。（代金は本到着後の後払いです）

全国林業改良普及協会
〒107-0052 東京都港区赤坂 1-9-13 三会堂ビル　TEL 03-3583-8461　注文 FAX 03-3584-9126
送料は一律 350 円。 5,000 円以上お買い上げの場合は無料。
ホームページもご覧ください。 http://www.ringyou.or.jp